老板财务通

刘国东 著

中国商业出版社

图书在版编目（CIP）数据

老板财务通 / 刘国东著. -- 北京：中国商业出版社，2022.9
ISBN 978-7-5208-2138-4

Ⅰ.①老… Ⅱ.①刘… Ⅲ.①企业管理—财务管理 Ⅳ.①F275

中国版本图书馆CIP数据核字（2022）第125883号

责任编辑：包晓嫱

（策划编辑：佟 彤）

中国商业出版社出版发行

（www.zgsycb.com 100053 北京广安门内报国寺1号）
总编室：010-63180647　　编辑室：010-83118925
发行部：010-83120835/8286

新华书店经销

香河县宏润印刷有限公司印刷

*

710毫米×1000毫米　16开　14印张　180千字

2022年9月第1版　2022年9月第1次印刷

定价：68.00元

****

（如有印装质量问题可更换）

前 言

《老板财务通》是本书作者主讲的三天财务课程。很多企业领导一听是财务课程，就觉得是讲给财务人员听的，自己不需要听，实际上这门课程是专门讲给企业领导和企业高层管理者听的，而不是讲给专业人士听的，当然财务专业人士也可以听。这门课程不是从纯粹的财务角度出发，而是从企业管理角度出发，从企业经营结果出发来讲解的，所讲的是大财务，而不是做账、交税的小财务。

《老板财务通》讲的不是财务，而是管理

财务人员用不用从企业领导的角度了解企业财务？关于此，作者的观点是明确的，财务人员走出自己的角色，站在企业领导的角度重新思考一下财务问题，将获得很大的成长。长财咨询调查过很多企业，发现财务人员给管理层的一些明细资料都是自己想给的，并非管理层想要的；财务总监给企业领导者的明细资料，也是他们想给的，并不是企业领导想要的。财务人员应该换个角度，面对企业不同身份和职位的人员，给出与他们相适应的财务资料。

学习财务不是目的，是为了让企业变得更好。长财咨询的财务课程很务实又很真实，一些企业领导听过后，不是萌生想大干一场的念头，而是会像被点醒一样，对企业生出很多担忧的想法。尤其是当企业发展到一定

阶段，企业领导者更容易将内心的担忧和恐惧无限放大，比如，钱不够怎么办，钱多了放哪儿等，致使企业发展遇到瓶颈。

这时企业领导就要问自己："我为什么要做企业？我要做成什么样的企业？我是要做企业家，还是仅赚点儿小钱？"如果只是为了赚点儿钱，相信很多企业都可以关门了。企业领导者要想明白两个问题：一是为什么要做企业？二是想小打小闹地做，还是想做大做规范？想明白这两个问题，再做决策，情况就完全不一样了。

具体到财务，也是企业要面对的实实在在的问题。财务问题对企业重要吗？不同的企业领导者可能会给出不同的回答，但无论怎样，财务都是每个企业必须面对的一个问题。

财务问题是企业经营中客观存在的问题，而不一定是企业领导者急需解决的重要问题。对于某个企业的特定阶段而言，可能营销是最重要的；而对于另外一家要上市的企业而言，财务可能就会变成最重要的了。企业领导者需要花时间学习一下，懂得并了解财务的内在逻辑。

《老板财务通》讲的是什么？

《老板财务通》讲的是管理。本书没有多少需要记在纸上的东西，更多是带给读者一种感受。比如，有的企业领导者做企业，原来没有考虑过如何作决策，学习了《老板财务通》后，要考虑这一方面了。因此，本书要达到的目的是，教会并影响企业领导者作决策。这也是本书了不起的地方。

学习《老板财务通》，不需要什么表格或工具，它是要教会读者一种思维，即如何作决策的一种思维。对于企业领导者来说，这也是最重要的。

《老板财务通》讲的是管理，不是财务。什么叫管理？财务就是管理。小企业的管理，业务做主导；大企业的管理，财务做主导。很多知名企业的CEO都是财务出身，为什么财务出身的人可以做管理？甚至可以操盘整个公司？优秀的总经理定然是财务专家，要想把销售或其他专业人士变成财务专家很难，尤其是技术专家、工程师等，他们一般只专注技术，很难变身为财务专家，因此，企业只能把财务专家直接变成总经理。如此，就形成了一个通路。在世界五百强的外资企业中，许多 CEO 都是财务出身，就很好地说明了这个问题。

好的商业运营、好的商业模式、好的管理运营体系，是企业追求的目标。

企业管理的三个公式

第一个公式，优秀的企业 = 好的团队 + 好的价值创造 + 好的商业运营；

第二个公式，好的商业运营 = 好的商业模式 + 好的管理运营体系；

第三个公式，好的管理运营体系 = 好的规划系统 + 好的激励大系统 + 好的经营大系统。

这三个公式给出了打造一家成功企业的必备条件，那么本书介绍的是关于哪个公式的内容呢？

每个企业领导者都想打造一家优秀企业，只要将上面提到的三个公式运用好，就能实现这个目标。而一家企业是否成功，产品只是企业价值创造的载体，且还是有生命周期的，价值创造的生命周期却会无限长。

要打造一家成功的企业，需要做到三个方面：好的团队、好的价值创造、好的商业运营。

在企业运营中，产品和运营哪个更重要呢？好的产品一定有好的运营相配合，否则再好的产品也无法变现。因此，优秀企业必须有好的团队、好的价值创造，以及好的商业运营。所以，本书讲的是与商业运营相关的内容。

什么叫好的运营？好的运营就是一个好的商业模式。企业不仅需要商

业模式，还需要实际部门的配合，如财务、销售、采购、生产等部门。

好的商业运营，好的商业模式，好的管理运营体系，是所有企业追求的目标。财务管理跟企业的整个运营体系相关。为什么很多企业管理混乱？用一句话概括就是："理不清，管不住。"所谓管理，管理 = 管 + 理，管是理的前提，理不清，怎么管？理不清，管不住，老板只能将自己的角色从大销售变成救火队长，这是很多老板的亲身经历。那么，好的运营管理体系标准是什么？答案是：能自我运转，能离开任何一个人，能激活企业员工。

企业良好的运作体系，需要事先进行精心设计，设计得好，就会为企业发展预先铺设一条路，比"摸着石头过河"要快得多，也能提早预防风险。企业老板的高度，决定了企业发展的前景，通俗的说法就叫"站得高望得远"。

作为老板，要明白，企业不是一味省钱就好。企业的长远规划包括很多方面，如股权架构，会影响企业未来 10~20 年的发展路径，股权架构的规划决定着企业能走多远。所以，要想经营好企业，必须预先设计好股权架构。

上面的第三个公式中提到两个词"激励大系统、经营大系统"，什么叫激励大系统和经营大系统呢？比如，企业要想将一个项目做好，取决于员工的两个要素：一要愿意做；二要会做。如何才能让员工愿意做呢？运用激励大系统，就能解决这个问题。其次，员工想干，但是不会干，也干不好，经营大系统就能解决这个问题。

企业管理的三个维度

第一个维度

该维度分为管理的科学和管理的哲学。本书讲的是管理的科学，不是管理的哲学。所谓管理的哲学，每家优秀企业都有自己独特的经营哲学，比如，有的老板说，我们童叟无欺；有的老板说，我们做良心食品……这些都是企业老板的经营哲学。中国有句古语，叫作"小胜靠智，大胜靠德"，这里的"德"跟企业老板的处世哲学有关。再如，面对要解决的问题，老板用什么样的深层驱动力去处理？角度共有两个：一个是哲学，一个是科学。很多老板喜欢学习《论语》《资治通鉴》《孙子兵法》等，这就属于管理哲学。这些书都是古人留给我们的经典著作，也有一定的实际作用，但老板仅学习这些，是有局限性的。

为了说明管理的哲学和管理的科学之间的区别，我们举个例子。为了对员工进行考核，企业拟定了很多指标，设定了不同的权重；然后，打分，得分高的员工奖金多……这就是管理的科学。可是，使用科学的管理手段，不一定就能收到最好的效果。管理的科学虽然不是最好的方法，有时也没达到最佳效果，但是目前所有管理手段中缺点最少的。管理的哲学，跟人性相关。如果管理的人数不多，可以适当运用管理的哲学；反之，人多时，就要运用管理的科学了。所以，本书讲的就是管理的科学。

很多企业老板虽然喜欢研究哲学，但是同样需要学习管理的科学。长财咨询专业研究管理的科学，在这方面积累了丰富的知识和经验，能够帮客户提升管理效率。中国的企业缺少的是管理哲学，还是管理科学？在中国的环境下，企业老板学习的多数内容属于管理哲学的范畴，比如，国学与企业管理。

第二个维度

该维度分为3个大系统：规划大系统，激励大系统，经营大系统。

如今，很多企业都在提倡数字化管理，那老板怎么看数字化管理、目标化管理？老板怎么给企业确定目标？怎么做预算？业务流程怎么定？……这些都属于科学的范畴。很多企业之所以管理效果不好，就是因

为缺少流程，或流程不清晰。

规划大系统。可以解决企业顶层设计和战略规划等问题，包括企业人才规划，都属于规划大系统。

激励大系统，可以解决人愿意干的问题。激励，不仅跟企业文化相关，跟企业的战略相关，还跟企业的人才战略相关。该系统的核心任务是解决权、责、利的问题。员工能力不一定都强，不一定都想将事情做好，也不一定都希望企业越发展越好。为了让员工百分之百努力，就要设定激励大系统，内容主要包括股权激励、绩效考核、利润分享、平台创业等。当然，各模块还可以进一步细分，如绩效考核又分为KPI、360度评分、平衡计分卡等。很多老板经常会犯一个错误，就是很愿意学习、使用激励大系统的内容。他们普遍认为，自己公司发展得不好，就是因为员工不愿意干，可是为何不细想想，难道不是其他原因，比如，员工都愿意干，但不知道如何干？有些老板确实意识到了这个问题，病急乱投医，花大价钱听稻盛和夫、阿米巴，并将其运用到了自己的企业中，却发现结果并不尽如人意。为什么？因为他们忽视了一点：阿米巴可以解决大企业的问题，但不适合年收入300万元及以下的企业。阿米巴模式，涉及的70%的工作是财务，企业文化不统一，老板不强势，非要去搞阿米巴，那样只能加速企业的分裂，加速高管出去单干。所以，要选择适合自己企业的管理方式。

经营大系统。可以解决怎么干的问题。经营大系统包括采购、销售、生产、财务等，还可以细分为经营业务系统和经营信息系统。业务系统就是买、卖、生产；经营信息系统就是信息收集、传递、加工、报告、使用；而财务系统是经营信息系统的核心。除了财务系统，经营信息系统还包括其他内容，比如，企业今年培养了两个销售总监，这两人算不算企业的经营信息？企业今年开发了500名新客户，这算不算经营信息？答案是肯定的。

现在，可以对管理架构体系作一个总结，经营大系统解决的是"量、本、利"的问题。激励大系统解决的是"权、责、利"的问题。什么是"量、本、利"？"量"就是企业卖产品的规模、销售的数量，"本"就是企业的成本情况，"利"就是企业的利润情况。"量、本、利"和"权、责、利"之间的关系主要为：有了"量、本、利"的"利"，才有可能有"权、责、利"的"利"。"权、责、利"的"利"，就是对企业产生的利润进行合理分配。企业只有把"量、本、利"的"利"增加，才能有更多的"利"去完成"权、责、利"的"利"。

由此，企业所有的机制就能概括为激励机制和经营机制两个机制。激励机制就是让员工把"权、责、利"弄明白，经营机制就是让企业赚到钱。

第三个维度

对企业管理运营体系进行划分的第三个维度，是按职能划分企业的经营管理体系：第一，战略管理系统；第二，产品系统；第三，供应链系统；第四，营销系统；第五，激励系统；第六，财务系统；第七，品牌系统；第八，文化系统。真正的企业管理运营系统的打造落地，需要按职能去划分，因为任何人不可能对所有的领域都很专业，必须进行分工。企业可以先建立第一个系统——管理运营系统，等管理体系都健全了，再逐渐发展壮大，把剩下的7个系统建立起来，企业才具备了起飞的基础。

现在我们来重点说说财务系统。企业老板应该从财务系统中得到教益并让企业变得更好。

财务系统分为三大职能：做好账、交好税、管好钱。财务系统由五个系统构成：第一，财务战略支撑系统；第二，税系统；第三，账系统；第四，钱系统；第五，管控系统。其中，财务战略支撑系统又可以分为四个

部分：第一，财务职能规划；第二，财务组织架构设计；第三，财务岗位设定及岗位职责设定；第四，公司管理架构及股权架构设计。

作为企业老板，需要了解企业管理运营架构、管理架构和股权架构设计。

本书的内容与财务系统相关，但讲的并不是财务系统，而是讲作为企业老板，应该如何利用财务系统让企业变得更好。财务系统并不能包治百病，企业老板应该遇到什么问题就去解决什么问题。如果激励系统存在问题，就去解决激励系统的问题；是财务相关的问题，就去解决财务问题。如果自己不懂，就学习本书，了解财务与企业的关系及对企业的影响。

综上所述，本书讲的是管理，讲的是管理的科学，讲的是与经营信息相关的内容，讲的是与商业运营相关的内容，讲的是与财务相关的内容。一个优秀的企业，一般都拥有好的团队、好的价值创造、好的商业运营、好的商业模式、好的运营管理体系、好的规划系统、好的激励大系统以及好的经营大系统。本书就像是一个带领企业走上正轨的导航，企业的蓬勃发展之路，也会由此开始。

目录

第一章
确保财富安全

一、个人要安全，企业要规范 / 2

　　个人收入和财富新规：透明且受到监控 / 2

　　CRS（统一报告标准）：封死中国国内资金非法外逃路 / 3

　　银行账户分类管理：清查个人资产情况 / 4

　　大额交易报告：5 万元现金即可被反洗钱监控和税务审查 / 5

　　不动产登记：全国联网让所有人的不动产变得透明 / 6

　　个人财富安全：通过金融系统，清查所有人的资产 / 6

　　公司规范经营：规范财务、核算、报表、资金、流程和管控 / 12

二、税收的法律责任：让老板们知道做事原则 / 17

　　税收行政法律责任的三种措施：罚款、滞纳金、取消资质 / 18

　　税收刑事法律责任的六个罪名：逃税罪、故意销毁账簿罪、普通货物走私罪、虚开增值税专用发票罪，伪造或出售伪造增值税专用发票罪、出口骗税罪 / 20

三、建立隔离个人与企业风险的防火墙 / 25

  公私分家：建立税务风险防火墙 / 25

  纳税评估就是按照"金三"系统要求评价企业的报表指标 / 29

  符合流程：票流、业务流、资金流 / 31

  十大风险：规避存货账实不符、货币资金账实不符、三流不一致等 / 35

第二章
老板要管好企业内外部投融资

一、实业投资管理，重在公司及股权设计 / 44

  企业的两种法律形态：有限责任企业和无限责任企业 / 44

  股权设计：门店销售类行业别做成公司制的形态 / 47

  公司之间的三种关系：兄弟关系、母子关系和总分关系 / 49

  公司扩展的两种路径：横向扩张和纵向发展 / 51

  表决权关键节点：重大事项否决权、相对控股权和绝对控股权 / 60

  老板四步：完善商业模式、制定战略与目标、确定发展路线图、

  完善业务流程 / 63

二、欲做财务投资管理，先有财务投资思路 / 65

  识别两种有价值的投资标的：利润价值和资本价值 / 66

  财务投资四原则：做好投资分析、回避高风险、回避不熟悉行业、

  现金流要健康 / 68

三、公司内部投资是企业最重要的投资 / 72

  资产负债表解读：资产 = 负债 + 权益 / 72

内部投资评价的两个指标：投资回报率、经济增加值 / 89

四、对公司进行估值，是投融资、交易的前提 / 93

公司估值的两种情况：出让股份、把公司彻底卖掉 / 93

公司奶牛论：一家公司值多少钱 / 94

公司估值常用的四个方法：自由现金流折现法、市盈率法、市净率法、市销率法 / 101

五、融资 / 105

债权融资的五种方式：抵押贷款、担保贷款、质押贷款、供应链贷款和票据融资 / 106

股权融资的目的：出让公司股权，使总股本增加 / 107

上市审核的要点：税收问题、业务独立性问题、资产的权属问题 / 109

中国资本市场体系：主板、创业板、科创板、北交所 / 110

股票上市的成本：补税、社保、股改、税收上升、管理、中介机构 / 111

上市的步骤：确定上市主体、财务体系合规改造、规划上市路线、管理保荐人 / 114

第三章
利润管控，关键在于利润设计

一、解读利润表 / 120

正确理解利润表：表达企业的经营情况，但不对应现金情况 / 120

利润表特点：反映经营结果、表达业务流、依据权责发生制而编制 / 122

三表比较：资产负债表是"底子"、利润表是"面子"、现金流量表是"日子" / 126

利润表的结构：利润 = 收入 – 成本 / 127

二、利润设计的基础与方式 / 129

利润设计的两种方式：正推法和倒挤法 / 129

三、利润设计常用四张表 / 131

四、利润管控的指标要准确精练，评价要客观正确 / 137

利润管控四指标：收入、毛利率、一元收入费用负担率和销售利润率 / 137

对利润的理解：成本是利润的减项，也是获取利润的资源 / 139

利润管控方法：三个关键节点和一个方法论 / 141

第四章
现金流管控：既要管好"出水"，也要考虑"进水"

一、动态现金流：现金在流入和流出的过程中实现平衡 / 146

二、现金流量表：最重要的现金流管控工具 / 148

现金流入的三种类型：经营活动、投资活动、筹资活动 / 149

现金流出的三种类型：经营活动、投资活动、筹资活动 / 150

现金净流量分析：对经营活动、投资活动和筹资活动的现金净流量分析 / 151

三、导入工具：现金流管控常用的三张表 / 154

第一个工具：简化现金流量表 / 154

第二个工具：现金日报表 / 157

第三个工具：四周滚动付款预测表 / 159

四、现金流管控的两个评价指标 / 163

  经营活动净现金流：经营过程中"造血" / 163

  财务杠杆：经营活动结果的好与坏 / 164

第五章
运营管控的核心逻辑：增值

一、运营：董事长负责公司的整体运作 / 166

二、运营效率的评价和原理：评价要有指标，原理需要技术 / 169

三、财务运营模式设计：投资回报率=利润÷权益 / 172

四、运营风险控制：战略、系统、财务、税务、经营、外部等风险 / 175

第六章
财务人员管控的关键：信赖

一、对财务人员的三点要求：忠诚、专业、职业 / 181

二、财务汇报线：财务总监对董事会及总经理负责 / 182

三、财务负责人的定位：专家、合作伙伴、大管家、顾问、设计师 / 183

四、财务人员招聘的基本程序：面试、笔试、背景调查、入职 / 185

五、财务人员的考核：行为指标权重大 / 203

第一章
确保财富安全

一、个人要安全，企业要规范

要想确保个人财富安全问题，首先要有一个边界的概念，即在个人、家庭和公司之间建立一堵隔离墙。

个人收入和财富新规：透明且受到监控

2017年5月23日，中央全面深化改革领导小组召开了第三十五次会议，会议强调，推进个人收入和财产信息系统建设。很多老板都看过这个新闻，会议的意思很简单，就是在将来的某一天，每个人的所有收入和财富都将完全透明化，还会实时受到有关部门的监控。

中国未来可能是这样：身份证号码就是纳税识别号，每个人都在税务机关登记成为一个纳税人。只要把身份证号码报给国家机关，其有多少账户、多少存款、多少房产等，都会一目了然，未来随时可以查。个人账户会被实时监控，只要出现了异常，马上就可干预。

如今，很多人都喜欢从网上转账，即使是100万元这样的大额款项，也能从一个人的银行账户直接转到另一个人的银行账户。对这种现象，大家都习以为常，并不觉得这算什么事。但在美国，这样的事情根本就行不通，因为资金的流动时刻受到国家机关的监控，如果是海外资金转到美国的个人账户，一般都不会查，而个人账户之间的大额款项往来，立刻就能引起国家机关的审查，反洗钱机构、税务局等都会进行监控。

【案例】

刘先生的孩子在美国接受治疗，急需用钱，就拜托一位美国朋友，从旧金山给他汇了5万美元。结果，刘先生在动用这笔资金时，被告知，钱被冻结了，不能使用。被谁冻结了？被美国国税局！美国国税局怀疑这笔钱是个人收入，应该交税。这时候，刘先生就需要向美国国税局解释，这笔钱不是收入。美国国税局问，既然不是收入，那是不是他捐赠给你的？因为接受捐赠的钱，也得交税。刘先生一再解释，不是捐赠，是朋友借给他的，以后还要还。

遇到这种情况，在中国很容易解释，"朋友借给我一笔钱"，但是跟美国人解释就比较难了，因为美国人一般都不借钱，即使真的需要钱，也是跟银行借。这时美国国税局还会问，什么朋友借给你5万美元啊，你跟他之间有什么利益关联？刘先生解释说，就是朋友，我俩关系好，借的钱……针对这笔钱，想要说服美国人，很难！

中国未来可能也会如此！个人有多少张银行卡？卡里有多少钱？多少不动产？钱是从哪里来的？国家都是要监管的，要求透明化、合法化。

CRS（统一报告标准）：封死中国国内资金非法外逃路

自2017年7月1日起，我国境内金融机构开始开展非居民金融账户涉税信息尽职调查工作，收集并报送账户相关信息，且不得协助账户持有人隐匿资产。

【知识链接】统一报告标准（CRS）

　　CRS是全世界很多国家和地区签订的一个协议，要求签约方纳税信息互换。很多外贸企业的老板为了少交税，会将部分销售款留在香港，不转回国内公司的对公账户。其实，这种做法是自欺欺人，香港当局早已把你在香港的账户有多少钱报给了国内的监管机构。

　　什么叫非居民纳税人？简单理解就是外国人。比如，某个中国人入了新加坡国籍，他就是中国的非居民纳税人。非居民就是持有外国国籍的人和国外的公司，有些外国的公司在中国开了分公司，也在中国开有账户。

　　很多人感到疑惑：这和我有什么关系啊？确实跟你没关系。因为查的是外国人。中国也希望外国人把钱投到中国来。但是，中国为什么要查呢？因为中国也签订了这个协议，需要履行协议，按照协议的要求去查。比如，中国政府想知道，某中国人在境外开的账户里有多少钱？但没法去美国和香港查。外国政府想知道他们国家的人在中国开的账户里有多少钱？也没办法自己查。为了解决这个问题，大家进行谈判，签了一个协议，约定你查我想要的、我查你想得到的，然后信息互换。可见，CRS确实能将中国国内资金非法外逃的路封死。

　　如今，很多人还在香港设有账户，账户里也有钱。如果要登录账户，就要填写开户人的所有跟CRS相关的信息，否则账户从网上无法正常操作。如果想把存在香港的大笔资金转走，香港的银行会要求提供这笔钱的来源渠道证明，否则，这笔钱就不能动。

银行账户分类管理：清查个人资产情况

　　所谓银行账户分类管理，就是一个人在一家银行只允许开立一个大额存款账户。国家之所以要对银行账户进行管控，主要就是为了便于清查个人在中国的金融系统（不仅银行，而且包括证券、期货、基金等）里的资产情况。

中国有 14 亿多人口，有 70 多亿张银行卡，交易流水是天文数字，即使是用电脑查，也需要银行的人工干预。所以，国家规定：

Ⅰ类账户。一个人在一家银行只能有一个正常账户，可以存款、购买理财产品、转账、消费、缴费支付、支取现金等，功能齐全。

Ⅱ类账户。功能包括存款、购买理财产品、限定金额的消费和缴费支付等。与Ⅰ类账户的区别在于：不能支取现金，消费和缴费都有金额限定，单日最高额度不超过 1 万元。

Ⅲ类账户。只能用于限定金额的消费和缴费支付，账户余额不能超过 1000 元，账户剩余资金应原路返回同名Ⅰ类账户。如果个人在一家银行有多个账户，账户类型就会降级。

大额交易报告：5万元现金即可被反洗钱监控和税务审查

什么叫大额交易报告？简单来说，一个人一天从银行支取 5 万元现金，对许多人来说这是一个很小的数字，但只要从银行提出 5 万元现金，这个交易就会被反洗钱系统逐笔监控；同样，一天存入银行账户 5 万元现金，也会逐笔被监控。企业进行现金交易，每天存取现金，都会被监控。

【案例】

2017 年春节期间爆出一个新闻，"某导演在美国涉嫌洗钱被捕，或入狱 10 年"。根据美国司法机关的指控书，某导演居住在美国康州，2011 年 4 月到 2012 年 3 月，先后把 46.4 万美元存入他和妻子的联名账户。

为了绕过监控，他每次存钱额度都低于 1 万美元，前后分 50 次存入。

为了避人耳目，他和妻子在四家银行开了六个银行账户。考虑到美国是不监控1万美元以下的交易的，某导演就自作聪明，化整为零，每次存钱都不到1万美元，累计到最后有几十万美元，恶意逃避政府的监控，美国政府最终逮捕了他。最终判决如下：该导演同意冻结在康州存入的17.6万美元现金，补交美国国税局11.3万美元的未付联邦税，冻结部分资金和补交的税款合计29万美元，甚至包括2009年、2010年和2011年三年间的罚金和利息。

美国对于现金交易的监控非常完善。同样，中国也存在反洗钱监控，中国政府的监控标准是人民币5万元。中国人要往境外汇外币，限额为1万美元（原来是最多5万美元），超过1万美元，就要逐笔审查。此外，中国的反洗钱系统还会对银行账户之间的交易进行监控，国内个人银行账户之间转账金额超过20万元，都会被逐笔监控。因此，不管是反洗钱，还是税务审查，未来中国政府都会设定一套金融监控体系。

不动产登记：全国联网让所有人的不动产变得透明

不动产登记就是全国的不动产都要联网。只要输入某人的身份证号码后，就能知道他有几套房子、房子在哪儿等信息。不仅如此，还能查出和他相关的人名下的资产。

不动产登记系统联网后，中国所有人的不动产将变得非常透明。

个人财富安全：通过金融系统，清查所有人的资产

企业老板需要关注的问题很多，比如，所有员工的工资，必须通过银

行代发,不能发现金;员工的工资,不管是否缴纳个人所得税,都要在税务局的个人所得税系统进行个人所得税申报,不然在计算企业所得税时,不能作为成本费用扣除。

> 【老板们要明确,自己及家庭与公司是两个不同的法律主体;不要把公司的钱,当成自己的钱】

个人财富安全的重要性不言而喻,那么,企业老板如何保证自己的财富安全呢?老板们要明确,自己及家庭与公司是两个不同的法律主体,不能把公司的钱当成自己的钱。公司的钱是公司的钱,不是老板个人的,要想把公司的钱变成自己的,路还很遥远;千万不要轻易地随便从公司拿钱,否则可能犯法。

【案例1】

真功夫的老板蔡达标因职务侵占罪被抓。真功夫原来是潘宇海、潘敏峰姐弟俩经营,蔡达标和潘敏峰结婚后,蔡达标也参与到经营中。蔡达标还获得了真功夫的股权。而蔡达标和潘敏峰离婚后,蔡达标和潘宇海开始对真功夫的控制权进行争夺,最后潘宇海举报蔡达标抽逃资本、职务侵占,蔡达标被抓。

真功夫的老板就犯了职务侵占罪。什么叫作职务侵占罪?就是老板从公司拿钱,程序不合法,最后被判刑。如果公司不是单一股东,还有其他股东,即使只占有公司5%的股份或1%的股份,大股东以董事长的身份,利用职务之便,把公司的钱拿回自己家,也是职务侵占罪。

职务侵占罪是一个重罪。在中国,因为职务侵占被判刑的老板有很多。企业老板要知道,并不是财务人员挪用公司资金,或偷走了资金,才叫职务侵占,企业老板照样会犯职务侵占罪。公司不是老板一个人的,即使老板持有100%的股权也不行。

【案例2】

有一个老板曾问,怎么证明我的一笔钱是合法的?看到这个信息,我也是一头雾水。就像看病时,患者必须把所有的隐情都告诉大夫,否则大夫就无法作出判断。就问他,你要干什么?要移民吗?要证明什么钱合法呢?

这个老板说,我们借出去一笔钱,是民间借贷,对方以他们家的房子做抵押,贷款金额为400万元。结果,他们还不上这笔钱了。按照协议,他们要将房子抵押给我,因为没走抵押登记程序,借款人只能把房子给了我。结果,直到最后我才发现,他用这套房子借了好几个400万元,重复抵押。我报了案,警察来调查。借款人承认自己确实跟很多人借了钱,该怎么办就怎么办,该坐牢就坐牢,该怎么处理就怎么处理!最后,警察问了这个老板一句话,你这笔钱从哪儿来的?

听了这句话,这个老板立刻给我发信息。我告诉他,要想说明一笔钱合法不合法,只有两个渠道,要么有合法证明,就是完税证明;要么是你借来的。只要有合法的路径,就能证明。

这简直就是借钱借出来的烦恼!该老板之所以会对这件事情感到纠结、担心,就是因为个人财富没有合法的来源。老板个人和公司是两个主体,多数老板个人财富的主要部分,至少原始的家庭财富,都来自公司;然后,又用家庭财富去投资,做资产配置,可能又赚了钱。用家庭资产做投资,是家庭财富的管理问题,但家庭财富最根本的来源还是公司。所以,如何将公司的钱变成个人的钱,是一个重要的课题。

将公司的钱合法变成个人的钱,判断方案是否合理,一共有两个标准:一是合法;二是成本要尽量低一些。

多数企业老板从公司拿钱，财务人员怎么做账？财务人员只挂一个往来，说是老板借公司的钱。这样处理，在税法上视同分红，和公司分配红利一样，需要交20%的个人所得税。采用这种方式，公司账面会形成一个债权，到了公司清算的那一天，老板还得把钱还回去。

发工资就是老板合法地从公司拿钱的一个办法。有些老板从来没考虑过公司怎么给自己发工资。要将这个任务交给财务人员，确定工资怎么发、发多少。老板说发多少就是多少，这个月发3000元，下个月发3万元，税务局就会问为什么这么发？显然，发工资也不能太任性、太随意。工资的发放，需要有根据，为什么上个月发3000元，这个月发3万元，需要有个文件。比如，公司作出一个董事会决议，聘请董事长兼任公司总经理。

【知识链接】错位

有人问，公司应该给老板娘发多少工资？具体数额要看老板娘在公司干什么，职位是什么。公司发的钱，不是给老板娘个人的，而是给这个岗位的。不管是谁，只要在这个岗位上，就要发这么多钱。比如，老板娘是出纳，月工资好几万元，而其他出纳却不是。这样做，是给人发工资，而不是给岗位发工资。

老板娘当出纳，外聘一个财务总监，这叫错位。什么叫错位？就是老板干着高层的事，高层干着中层的事，中层干着基层的事，最后逼得基层天天没事做。老板娘当出纳，外聘财务总监，名义上，出纳得听财务总监的，实际上是财务总监得听出纳的。这就是错位。如果财务总监情商不是超高，肯定留不住。因此，不能这么干。

可见，老板娘确实能当出纳，但要想直接给她高工资，需要把她的级别提得更高。可以出一份文件，把老板娘直接任命成公司的财务副总裁。成

要不要老板娘做出纳？

为财务副总裁，工资一下就提高了。这时候，并不需要她懂财务知识，只要下面的人明白就行。如此，老板娘回到家是妻子，到公司是财务副总裁，年薪50万元没问题。

老板还会想一个问题：我今年发了50万元，去年没有发，前年也没发，十多年、二十多年了，从来没给自己发过钱，我觉着冤枉。然后，他们就会立刻找点钱，一块发，多发点。其实，如果公司规模够大，多发点也没问题。但老板的工资水平，也要纳入公司的薪酬体系。如果公司年收入30万元，老板却给自己发300万元工资，就不合理了。如果公司年收入有30亿元，就能给老板发500万元年薪。这时候，有人可能就会想，我前年没发、大前年没发，十多年了，都没发，能不能补发？不能！今年发的工资都算今年的。不过，如果当时报了税，现在可以补发。没有报税的，不能补发。

还有一种方案，公司向股东借款付利息。有些公司，股东把钱借给公司不付利息。为什么不付利息？当然是为了补贴公司。可是，公司借员工的钱，不能不付利息，该给利息就给利息。当然，公司借股东的钱，是有限额的，一般不允许超过注册资金的两倍，比如，公司注册资金是1 000万元，最多能够向股东借2 000万元，借得再多，利息就不能抵企业所得税了。此外，公司向股东借钱，还要签借款协议，然后拿着借款协议、股东的身份证去税务局代开发票，该扣税扣税，剩下的钱才是股东的。这种利息产生的个人所得税，不会跟工资合并起来交个人所得税。中国的个人所得税分类征收，利息收入和工资薪金收入，各缴各的税。

公司使用老板个人资产应不应该付钱？

很多公司老板买了一套办公用房，给公司免费使用，结果公司既没固定资产，也没房租，正常吗？公司能没有经营场所吗、能露天办公吗？公司要租股东的房产，租金要付多少？该付多少付多少！不能人为地调节租金的高低，不能因为今年公司不盈利就少付或不付。公司是否盈利，跟公司付不付房租是两回事。公司亏损是事实，为什么要掩盖公司的真实状态？亏损也是钱，保留亏损，以后年度的盈利就能少交税甚至不交税。所以，公司使用股东的资产，该怎样处理就怎样处理，该开发票就开发票，交易要清晰。

其他固定资产，例如，车也一样。很多公司将车放在股东个人名下，因为有些老板觉得：车在自己个人名下，一旦公司出问题，车还可以自己开走。车本来就是供公司使用的，为什么不放在公司名下？车放在公司名下，与个人买辆车，结果完全不同。个人买辆车，需要缴纳个人所得税。比如，买辆价值30万元的车，大约要缴20%的个人所得税。也就是说，公司给个人发40万元，先要扣掉10万元的个人所得税，然后用剩下的30万元买辆车。如果是公司买这辆车，完全可以抵25%的企业所得税，相当于只要花75%的钱即可，前后就差了50%的税。按照税法规定，个人名下的车，保险费只能个人承担，不能在公司报销；车在个人名下，不仅要报销车辆使用费，公司还得租这辆车，租完之后才能报销油钱。租车也大有学问：租赁分干租和湿租。有些个人名下的车，公司租了，本来应该签干租协议，结果签的协议是湿租。所谓湿租，就跟租旅游公司的大巴一样，旅游公司不会把汽油票给租车的人。汽油费是旅游公司的成本，租车人只负责所有的租金。连车带人一块租、只租车不租人，两者是有区别的。所以，签个租赁协议，把老板个人名下的车，租到公司，税务局完全可以认为这是避税行为。

车子放在公司名下还是个人名下？

股东卖一项资产给公司，可不可以？股东想把自己名下的一些资产卖给公司，但是，卖什么资

出售资产给公司是否都行得通？

产？老板名下没有资产，没法操作。如果没有有形资产，只有无形资产，也可以采用这个交易模式，但有的公司能用，有的公司不能用。如果公司几年内想上市，就最好别用，否则会影响公司未来的利润。固定资产或无形资产增加后，固定资产要折旧、无形资产要摊销，都会降低公司未来的利润。如果股东卖给公司一项价值 3000 万元的固定资产，公司每年的折旧费用会增加几百万元，公司利润就会少几百万元，会影响到公司未来的估值。这 3000 万元资产，很可能会让公司估值减少 3 亿元！

【公司规模不一样，发展战略不一样，股东从公司拿钱的方式就不一样；关于将公司的钱变成个人的钱，老板们要有一根弦，必须做规划，不是老板想怎样就怎样】

公司规模不同，发展战略不一样，股东从公司拿钱的方式就不一样。如果公司可以接受的方式是，不能影响未来的利润，可以影响当年的利润，这时就要设计其他交易了。除了卖固定资产给公司，还可以转让技术。技术转让有税收优惠，比如，股东拿了 3 000 万元，增加了公司成本费用，以后可以抵扣 25% 的企业所得税。总之，关于将公司的钱变成个人的钱这件事，老板要作规划，不是想怎样就怎样。

公司规范经营：规范财务、核算、报表、资金、流程和管控

（一）转变理念，规范经营

提到公司规范经营，很多老板不以为然，他们认为：我们不能规范，一规范就死了。因为规范成本、代价很高。

【规范是公司做大做强的必经之路】

其实，企业老板要明确以下

几点。

1. 规范是公司做大做强的必经之路。企业家一定要明白：公司规范是公司做大做强的必经之路。想让公司上道，想把公司当作一项事业去做，还是把公司仅仅当作赚钱的工具，结果是不一样的。

把公司当成事业，甚至要传承、发扬光大，老板未来要做的就是一项事业，必须规范。如果老板只是为了赚点钱，是否规范就不重要了，只要别出事就行。不过，根据长财咨询多年企业咨询的经验，所有老板都不想将公司变成一个赚钱的工具，而是希望把公司发扬光大，做大做好。对于企业家，当钱不是问题时，还要有名，还想安静地做点事。所以，公司未来一定要做规范，这本身也是企业家做企业的一个内在要求。

2. 规范需要一个过程。企业家应该知道，虽然现在不一定做到完全规范，但也要将规范之路放在自己心中。

【规范需要一个过程】

公司经营的最大风险不一定来自外部，有可能来自内部。公司发展之所以会遇到瓶颈，最重要的一个原因，是老板内心产生了恐惧。没有快乐，天天担惊受怕的，企业经营还有什么意思？企业要规范，规范了就不怕。

不过，规范需要一个过程，至少老板要有一个想法，提前考虑好未来三年、五年的企业规范之路。老板今天的决定决定着公司未来三到五年后的结果。首先，老板们要事先做好规划，比如，如何打开其他渠道。提前规划好，等着市场环境的改变。

【规范分为对内规范和对外规范。对内规范主要是管理规范；对外规范主要是税务规范。对内规范不影响税负，任何一家企业对内的管理都是要规范的】

说到规范，很多人可能只会想

到税务的规范。其实，公司管理的规范，不仅涉及税务问题，还有很多管理的规范。规范还分为对内规范、对外规范。所谓对外规范，主要就是税务规范；对内规范跟税无关，主要是管理规范。而要想让公司规范，就要从对内规范开始，比如，流程规范、报表规范、核算规范……如此，就能计算出来哪个产品赚钱、哪个产品赔钱，以及今年赚钱还是亏损；还能够做出管理层需要的报表。

公司在销售、采购、生产等方面，可能都存在不规范的地方，但本书主要讲财务领域的、跟财务相关的规范。

（二）财务规范的主要内容

财务规范主要有六种规范（如图1-1所示）。

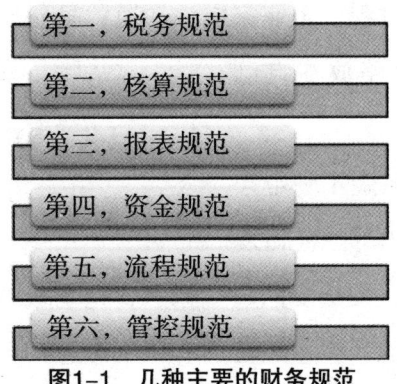

第一，税务规范
第二，核算规范
第三，报表规范
第四，资金规范
第五，流程规范
第六，管控规范

图1-1 几种主要的财务规范

1.税务规范。税务规范是对外规范，即使公司没办法一下子做到完全对外规范，但老板也要胸中有数。

2.核算规范。有些公司对外不规范，对内核算也算不明白。不要说成本算不明白，就连总数都算不明白。很多老板连自己公司到底有多少家底都不知道，只是觉得家底挺厚，做决策就是凭感觉。规范核算，才能将成本算准确，才能计算出项目的成本……不管赚1分钱，还是赚1亿元、赚10亿元，都要算清楚。

3. 报表规范。做给管理层的报表，包括给销售总监的、采购总监的、生产总监的、老板的。财务人员要将这些报表做得规范一些，不能做出的报表连自己都不想看，反映的信息要规范、信息表达要规范。

4. 资金规范。什么叫资金规范？有些企业的钱非常乱，甚至连老板自己都害怕。比如，公司买东西，有的钱是直接从公司出的；有的钱是从上家借的，有的钱是从个人卡里出去的，这就有点太随意了。公司做一件事情，承载的主体是公司，所有的资金出口，都要公司出钱；如果公司没钱，老板个人出钱，就需要公司先借老板个人的钱，然后公司再花，这叫逻辑，老板不能直接把钱付了。直接付钱，一笔两笔，还能算得清，如果投资大项目，最后恐怕连老板自己也搞不清楚了。

资金流向是公司业务的证据，钱从公司出去，可以说是公司的成本。如果没有资金流，又没有凭据，就不能说是为公司花的钱了。具体到每个业务，钱从哪里进、哪里出，都要设计好。其实，多数公司能够花钱的人没有几个，比如，有备用金的人、报销的，不过这些都需要审批和预算。资金流向，可能成为未来遇到问题的重要证据，一定要做好规范。可以借钱给别人，但不能直接将钱打过去，否则算不清是个人的还是公司的，如果最后钱对不上，就只能老板掏钱补了。

5. 流程规范。财务，不仅仅是做账。长财咨询集团的咨询师在做咨询项目时，首先都会梳理业务流程。很多老板觉得公司不好管，就是因为业务理不顺，流程乱七八糟，想怎么样就怎么样。没有规矩何来方圆？公司的内部业务流程，包括销售流程、采购流程、收款流程、付款流程、报销流程、借款流程、退货流程等，都要作规范，因为流程规范是效率最高的方式。不走流程，未来管理效率定然会下降。很多企业家总会抱怨："走什么流程啊，多麻烦啊，效率低。"其实，那只是个别人认为的效率低，如果不走流程，公司管理效率整体低下，工作就会变得混乱无序。

6.管控规范。不管是分析决策或内控,还是成本管控、目标管理,企业都要做到管控的规范。有的老板说:"我们现在不要控制,我们要放,我们要以人为本。"错!企业必须管控,绝不能将公司的运营建立在老板对某个人信赖的基础上。因为信赖是有时效性的,今天信,明天就可能不信。既要讲本分,也要讲情分;没有本分,情分早晚都不在。管控,就是管理控制岗位和流程,不管是对具体的人信任还是不信任。比如,出纳管钱,公司要对这笔钱做监控,需要会计和财务经理的监督,要进行定时盘点以及突击盘点。这里,并不是不信任出纳,是本分。一上来就讲情分,没了本分,最后情分也就没有了。所以,老板跟员工对话时,得选对角度。有些员工只能讲本分,有些员工要讲情分,该用本分讲的,你用情分讲,老板就容易受伤;该用情分去讲的,老板用本分去讲,员工会受伤。所以,不管是谁,必须走管控流程。

总结一下,从财务角度说规范,企业即使做不到全部规范,做不到对外的规范,至少要先从对内开始规范。当然,企业还有别的方面要规范,比如,税务规范、核算规范、资金规范、报表规范、流程规范、管控规范。把能做的先做起来,经过几年,最终变成全面规范。

【如何增加老板个人资产中有合法来源资产的比例?企业上市就是一个重要的解决方法】

作为老板,应该如何对待公司财务、如何理解财务、公司的路应该怎样走、如何走上正确的道?有的老板会说"我们公司不想上市,你的道就是想让我们公司上市"。非也!并不是所有公司都需要上市。即使不上市,公司也得做规范。有些公司不具备上市条件,比如,餐饮企业,如果想上市,就要改变商业模式。餐饮公司完全可以变成品牌运营商,由餐饮公司变成餐饮管理公司,然后就能收管理费,卖产品,选地址,搞房地产,也就具备了上市公司的要求。

对于多数企业来说，上市只是一个重要选择，即使不上市，未来也要走向规范化、阳光化，老板赚着非常踏实、安全的钱。但是，要想走到这一步，需要时间，需要规范过程。老板要根据公司所处的行业情况，以及公司的发展阶段，综合考虑各种因素，设计公司的规范运营之路。可能需要走两年、三年，也可能是五年、八年，但一定要走上这条路。

这里，还要提到一点。没有企业家就没有企业，企业家是个人，企业是一个法律上的民事主体，所以财务规范，还会牵涉个人、家庭、家族财富安全。只有老板自己的财富都有合法来源，才能获得内心的安定和从容；具备企业家精神，企业最终都会走向规范之路，到那时公司经营管理就会更规范，家庭财富也会逐渐规范化、透明化。

二、税收的法律责任：让老板们知道做事原则

税收的法律责任不是本书的重点，但也必须包括相关内容。为什么？因为老板们要知道什么事该干，什么事不该干，公司甲能做的事情和公司乙能做的事情不一样，老板要看自己能够承担什么样的责任。

中国的法律对税收法律责任做了明细规定，比如，做了这件事，罚多少钱；做了那件事，要判几年。在税收问题上，企业和老板要承担的责任，可以概括为两类：第一，行政责任；第二，刑事责任。两种责任，不是只承担其中一种，有一种情况是，公司出了问题，两个责任都得承担，

【老板们要知道什么事该干，什么事不该干，这家公司能干的事情和那家公司能干的事情不一样】

既要承担刑事责任，也得承担行政责任。也就是说，人被抓了，还得缴钱（如图1-2所示）。

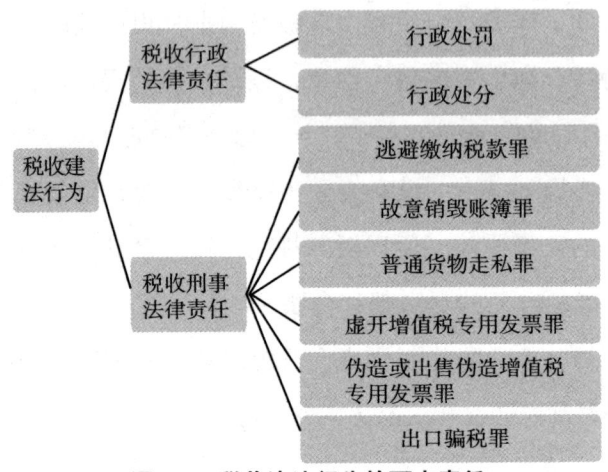

图1-2　税收违法行为的两大责任

税收行政法律责任的三种措施：罚款、滞纳金、取消资质

在行政责任中，罚款是常见的处罚方式。具体到罚款额度，共有两种计算方式。

【所谓行政责任，顾名思义，一般不涉及人身自由，损失的是钱，不是人的安全。行政责任的措施主要有三种：一、罚款；二、滞纳金；三、取消资质，包括公司的财务人员，职业资格要被吊销】

1. 程序违法，罚款金额是固定金额。

什么叫程序违法？就是公司该走的程序没有走，比如，公司今年开了一个银行账户，税务局却不知道。为了让税务局知道这件事，公司就得走程序，即去税务局备案，告诉税务局自己开了一个银行账户，便于税务局以后查账。公司没去税务局备案，就违反了程序，这种行为就叫程序违法，就要缴纳2000元至1万元的罚款（比较轻的程序违法行为，罚款 2000 元；情节严重的，罚款金额 1 万元）。

2.实体违法，企业确实少缴税。

不管公司是做两套账还是少缴税，都是实体违法。实体违法行为，罚款金额不固定，罚款金额是企业少缴税款金额的 50% 到 5 倍，金额太小，大家会觉得无所谓，起不到法律的震慑作用。比如，公司少缴 100 万元的税款，最低罚款金额为 50 万元，最高罚款金额为 500 万元，罚款金额在 50 万元到 500 万元。这里，不用担心税务局滥用自由裁量权，按照最高额度执行罚款，不过他们通常也不会按照最低额度执行罚款；一般来说，罚款幅度的起步是 1 倍，也就是补 1 倍的税。执法者的自由裁量空间很大，企业家需要管理好税务关系。

很多老板关心税款的追缴时间，如果少缴了税，过了多长时间，国家就不会追究了？国家追缴税款的期限是 3 年，一般情况下，税务局不会主动去查 3 年以前企业的纳税情况。除非税务局有线索，公司 3 年前买过发票，上下游出事被查到了，税务局一定会查买发票的公司。如果公司要注销，税务局也要查公司的账，往前查 3 年。因此，如果想注销公司，一定要保证最近三年公司的账经得住审查。注销一家公司要空三年，什么叫空三年？就是要有三年时间，公司不能胡乱做账，账面上要干干净净。

那么，究竟在什么情况下，企业犯错误少缴税款，不用罚款？只有一种情况，那就是企业主动补税，不是税务局查出来的，但是这种情况下要缴滞纳金。当然，还有一种情况，税务局没有查，企业主动补税。比如，公司被举报，举报人手里有证据，税务局会要求企业先自查，企业自己查，然后主动补缴税款，否则税务局去查。企业自查，主要补缴税款，税务局对举报人有个交代。因此，企业如果想少缴罚款，最好主动自查，补缴税款。滞纳金以补缴税款金额为基数，按天计算，计算比例为一天万分之五。

行政责任中的"取消资质"，就是税务局可以取消企业特定的业务资

质。比如，出口企业骗取国家出口退税的，税务局可以取消企业的进出口业务资质。

税收刑事法律责任的六个罪名：逃税罪、故意销毁账簿罪、普通货物走私罪、虚开增值税专用发票罪，伪造或出售伪造增值税专用发票罪、出口骗税罪

中国的刑法对企业的税收违法行为，有明确的定罪。在法律里，公司犯法和个人犯法是两个概念，公司犯法要惩罚公司，跟老板个人犯法是两个概念。但问题是公司是法律上的民事主体，不是自然人。所以，法律上只能对公司罚款，有些刑罚无法对公司执行。法律是这样规定的，公司犯法，如果触犯刑事责任，公司责任人要替公司承担刑罚。这里讲六个常见的罪名，第一个罪名，叫逃避缴纳税款罪，俗称逃税罪。第二个罪名，故意销毁账簿罪。第三个罪名，叫普通货物走私罪。第四个罪名，虚开增值税专用发票罪。第五个罪名，伪造或出售伪造增值税专用发票罪。第六个罪名，出口骗税罪。

第一个罪名，逃避缴纳税款罪

法律规定，对偷税达到一定额度的犯罪行为，除了承担行政责任，还要承担刑事责任。如何判断是否要承担刑事责任，有以下几条标准：

1.偷税金额达到应纳税额的10%以上，金额比较大。如何理解"金额比较大"？《刑法修正案七》取消了具体金额规定，由法官自由裁量，标准通常为10万元。达到这个标准的，刑期是3年以下。

2.偷税额度达到应纳税额30%以上，金额巨大。这个"金额巨大"由法官自由裁量，一般是50万元，刑期3~7年。

第二个罪名，故意销毁账簿罪

企业的账簿是有法定保管期限的。法律规定，账簿最低要保管 10 年，有的资料要保管 15 年。

第三个罪名，普通货物走私罪

主要就是偷逃税款。偷逃税款在 5 万元以上的，要被判处有期徒刑或者拘役，最高刑期为无期徒刑。除了徒刑，还可能同时判处罚金、没收财产等。

第四、第五、第六个罪名，属于红线，刑罚非常重，最高刑期为无期

【虚开专用发票罪，伪造或出售伪造增值税专用发票罪，出口骗税罪，这三个罪属于增值税专用发票类犯罪，是绝对的红线】

这三个罪名跟增值税、专用发票有关系，叫增值税专用发票类犯罪。增值税专用发票类犯罪最高刑期是无期徒刑，具体的规定如下。

1. 虚开增值税专用发票。所有税款发票超过 1 万元，就会触犯刑事责任。量刑标准里的金额较大，什么是金额较大？由法官自由裁量。其实，法官的自由裁量也没有多大，涉案金额在 5 万~10 万元，一般会判处 3 年以下的缓刑。

2. 虚开增值税专用发票金额较大、金额巨大的量刑标准。这里说的金额都是税款金额，不是发票金额。8.7 万元的发票金额，按照 13% 的税率计算，税款金额大约为 1 万元。这里所说的金额巨大，就是 50 万元或者 30 万元，如果骗税，适用 30 万元标准；如果是虚开增值税专用发票，适用 50 万元标准。也就是说，如果企业买增值税专用发票，税款金额超过 30 万元，就够这一条量刑标准。这档的刑期是 3~10 年，基准刑期 3 年。

【案例】

2019年4月，江西省吉安市税警协作成功打掉了一个利用"黄金票"虚开团伙，抓获犯罪嫌疑人4人，网上追逃1人，查封犯罪用的生产设备、电脑、银行卡若干。经查，该团伙伪造生产假象、拉长资金链条掩盖虚开轨迹，通过票货分离的方式，向9个省的25户企业虚开增值税专用发票2496份，虚开金额达25.49亿元。

2021年5月，该案主犯因犯虚开增值税专用发票罪被判处有期徒刑15年。2019年6月，安徽池州市税警成功破获铜陵某公司池州分公司虚开发票案。经查，该公司虚设交易环节，虚开增值税专用发票1764份、普通发票22份，虚开金额达3.68亿元。2021年1月，该案主犯因犯虚开增值税专用发票罪和虚开发票罪被判处有期徒刑12年，并处罚金。

虚开增值税专用发票，下一档量刑标准是金额巨大到特别巨大。所谓特别巨大，就是涉案税款金额在50万元以上。在这一档，刑期是有期徒刑10年至无期徒刑，基准是有期徒刑10年。简单理解，就是企业老板为了少缴税，买增值税专用发票，少缴50万元增值税，就要被判处有期徒刑10年。

因此，增值税专用发票类犯罪，就是企业老板不能逾越的红线。

为避免企业的偷税漏税行为，"金三"系统应运而生。国家金税工程三期，功能强大，将很多企业信息进行了关联。比如，一家贸易公司，进货多少，剩货多少，卖了多少货，在"金三"系统里，都有数据可比对；"金三"系统将税务信息和社保信息关联，将企业缴的个人所得税与社保比对，如果企业缴了个人所得税而没缴社保，就会被发现。随着"金三"系统的逐渐完善，作为企业老板，有必要知道"金三"怎么运作。

第一章 确保财富安全

【知识链接】什么是"两化、三端、四融合"?

中国政府于 2020 年年底制定并于 2021 年 3 月正式出台《关于进一步深化税收征管改革的意见》,按此要求,提出建设"金税四期"的设想,概括起来讲,就是围绕"构建智慧税务"这一目标,着力推进"两化、三端、四融合"。

1. 所谓"两化",就是指构建智慧税务,有赖于推进数字化升级和智能化改造。在数字化升级方面,国家税务总局以正在推进的数字化电子发票改革为突破口,将各类业务标准化、数据化,让全量税费数据能够根据应用需要,多维度适时化地实现可归集、可比较、可连接、可聚合。在智能化改造方面,基于大数据、云计算、人工智能、区块链等新一代信息技术,对实现数字化升级后的税费征管信息自动灵活组合,并通过其反映现状、揭示问题、预测未来,更好地服务纳税人、缴费人,更好地防范化解征管风险,更好地服务国家治理。

2. 所谓"三端",就是指智慧税务建成后,将形成以纳税人端、税务人端和决策人端为主体的智能应用平台体系。

(1)在纳税人端,通过打造"一户式"和"一人式"税务数字账户,实现每一户法人和每一个自然人税费信息的智能归集和智敏监控。比如,企业发生交易开具了发票,相应的发票信息同时进入交易双方的内部系统及"金三"系统,税务机关以此为基础将各种信息以纳税人、缴费人为单位进行"一户式"实时归集和分析,既可感知风险并自动预警,还可深度把握纳税人、缴费人的服务需求,及时提供个性化的服务。

(2)在税务人端,通过打造"一局式"和"一员式"应用平台,实现总局、省局、市局、县局、分局五级税务机关和 60 多万税务工作人员信息,可分别按每一个单位和每一名员工进行智能归集和智效管理,智能推送工作任务,从而大幅提升内部管理效能。

（3）在决策人端，通过打造"一览式"的应用平台，实现对征纳双方、内外部门数据，可按权限在不同层级税务机关管理者的应用系统中进行智能归集和展现，为管理指挥提供一览可知的信息，促进提升智慧决策的能力和水平。

3. 所谓"四融合"，就是指智慧税务建成后，将实现从"算量、算法、算力"到"技术功能、制度效能、组织机能"，从"税务、财务、业务"到"治税、治队、治理"的一体化深度融合。

（1）实现算量、算法、算力的"三算"一体化深度融合。智慧税务以规模大、类型多、颗粒度细的税收大数据为算量，创造先进的算法标准，持续加强算力建设，构建一个集超级算量、智能算法、强大算力为一体的"智慧人"，通过多方面数据的捕获和充分流动，及时感知执法、服务、监管各个领域的业务需求并灵敏地自动作出反应。

（2）实现技术功能、制度效能、组织机能的"三能"一体化深度融合。智慧税务发挥现代信息技术和税收大数据的驱动作用，不仅可以实现制度规范、业务流程等方面的融合升级和优化重构，还能推动税务组织体系的横向集约化、纵向扁平化，使税务部门的组织职能划分更加明确清晰、岗责设置更加科学精准、人员配置更加合理高效，更好地适应现代化税收征管和服务工作的需要。着力构建"风险该发现没发现有人管、发现后没及时推送有人管、推送后没及时处置有人管、处置后没及时改进有人管"的闭环机制，实现税收风险管理的前后台、各环节、全链条、上下级有机咬合和智能防控。

（3）实现税务、财务、业务的"三务"一体化深度融合。智慧税务将征纳双方的"接触点"由过去的"有税"后才关联，现在的"涉税"即关联，发展到下一步"未税"时就关联，使税收规则、算法、数据直接融入纳税人经营业务中，伴随着每一次交易活动自动计算纳税金额，大幅降低税收遵从成本，提高税收征管效率。同时，还能促进企业财务部门和业务经营部门强化统筹管理、优化发展规划，使企业的财务和税务从事后反映经营结果的"后视镜"，变成事先服务经营决策的"望远镜"。

（4）实现治税、治队、治理的"三治"一体化深度融合。智慧税务在深入推进精确执法、精细服务、精准监管、精诚共治的基础上，将内控监督规则、考核考评标准渗入业务流程、融入岗责体系、嵌入信息系统，实现过程可控、结果可评、违纪可查、责任可追的自动化联动监控，大幅增强带队治税的税收治理效能。同时，通过数字化电子发票改革，撬动经济社会数字化转型，通过深化税收大数据分析，为宏观经济和社会管理提供更多、更及时的决策参考，更好地服务国家治理现代化。

三、建立隔离个人与企业风险的防火墙

公私分家：建立税务风险防火墙

老板个人和公司是两个不同的法律主体，老板个人是"私"，公司是"公"，即使是私营公司、民营公司，也是"公"。公私分家是税务风险管控的基础，老板要将公私分家，公是公，私是私。

（一）公私不分的原因

1.往来账户不清。

很多公司老板的往来账户是

【首先，老板要把自己视为公司员工，其次才是股东】

平衡企业报表的口袋，乱七八糟的东西都往里装。比如，老板打算给客户送佣金，直接从公司拿钱，财务该怎么做？借款，直接挂到老板往来账户名下，只能增加老板的风险。老板总是当口袋，多了给老板，少了老板补，几年以后，当财务告诉老板欠公司数百万元时，相信老板自己都会蒙：什么时候欠公司这么多钱？此外，这些钱都需要还给公司，否则税务局会认定是分红，要求缴个人所得税。

为了解决佣金的问题，财务应该拿出一套方案，绝不能用一个矛盾去掩盖另外一个矛盾。老板直接从公司拿钱作为佣金，却挂在老板的个人往来账户名下，就是用新的矛盾掩盖原有的矛盾。而新产生的矛盾，可能比旧有的矛盾更难处理。不将问题在当下解决，因为钱是老板拿的，就挂在老板个人名下，最后只能让老板欠公司的钱。

2. 财务人员监守自盗。

【其次，财务人员在做账务处理时，将老板视作员工】

更有甚者，老板问财务："我怎么欠公司这么多钱？"财务这么说："我也说不清楚，我来之前就有。"意思是，财务无法对这件事承担责任。这时，老板们就要承担巨大的风险。账上显示老板欠公司386.42万元，老板问，为什么是这个数字？财务说："这是多年形成的，我也说不清。"既然财务说不清，那么376.42万元、396.42万元和386.42万元实质上根本就没有区别，反正都是说不清。

如此，财务人员自己把钱拿走，也可以往口袋里装。财务人员遇到了问题，怎么证明自己没有拿钱？财务人员只能说："我也无法证明我是清白的，但是我就是没拿这笔钱。"财务人员无法证明自己没有监守自盗，如果老板相信他们，这件事就只能不了了之。

3. 公司欠老板的钱。

公司欠老板的钱，一共有两种情况：一种是真欠，一种情况是公司做两套账。如果公司欠老板的钱，经常欠，基本上可以肯定，公司多半有两套账，先将账外资金回流到账内，然后把老板自己当另外一个口袋。

在财务报表上，税务局一般都会重点关注"其他应收款""其他应付款""应付账款"。"其他应收款"，如果显示老板欠公司的资金

【在财务报表上，"其他应收款""其他应付款""应付账款"都是税务局重点关注的】

数额很大，基本上可以肯定公司经常支付销售回扣；"其他应付款"，如果显示公司欠老板的资金数额很大，就说明公司的收入都收到老板个人银行卡里了，公司没钱周转时，老板又会将钱转到公司。有时税务局之所以要查"应付账款"，就是因为怀疑公司买了发票。

（二）如何做到"公私分家"

1. 老板要先把自己视为员工，再把自己当股东。

比如，因公出差、吃饭的餐费，员工一般都会作为差旅费报销，老板不要认为反正公司是自己的，餐费报销不报销无所谓。遇到这种情况，要先思考一个问题：今天吃饭是代表公司吃的，还是代表个人吃的？代表个人吃的，回家找老婆报账；代表公司吃的，回公司找财务报账。不要觉得花钱额度小，就无所谓。

这里看重的是老板处理事情的态度，跟金额大小没有关系。通俗地说，老板要和公司计较！老板不要以为不计较，自己的格局就会有多大，反而会让员工觉得老板做事没规矩。老板要逐渐让自己意识到："我是公司的员工。公司是公司，我是我，公司的规则该怎么走，我就该怎么走。"如此，就能保护老板，而不是约束老板。

2. 财务人员进行账务处理时，要将老板视作员工。

把老板当作员工，财务人员做事可能就会采取不同的态度或方式，这

叫规矩。既然是员工，就要遵循公司规矩，不管你是谁。财务做账务处理时，要将老板视作公司员工，如果老板没把自己当作员工，跟公司不计较，财务也要把老板当作老板，不仅要让老板占便宜，更要让他们承担责任。

3. 清产核资。

做公私分家工作时，要做一次清产核资。账面上的数字一般都是错误的，没有反映公司的真实情况，对公司的所有资产负债做一次彻底盘点，就能知道：哪些是公司的，哪些是属于股东个人的，完成确权。自此以后，各走各的路。公司和老板之间的关系，是一种公私之间的关系，双方不需要一会儿借款，一会儿还款。在确权过程中，如果确实是股东个人的资产，却存放在公司的，比如，老板买了一套不错的茶具，放在公司招待客人，就能列个清单，老板和公司签一份协议，写清楚某某的某件资产存放在公司，以免有一天股东资产和公司资产分不清。

【公私分家之前，要做一次清产核资。清产核资就是对公司的所有资产负债做一次彻底的盘点，哪些是公司的，哪些是属于股东个人的，完成确权】

4. 厘清公司和老板的欠债。

公私分家时要清账，老板欠公司多少钱，公司欠老板多少钱，不能直接抵销。老板要先把欠公司的钱还给公司，公司再把欠老板的钱退给老板，往来账户的调整要配合资金的流动。

5. 分清不同公司之间的资产。

有些老板开了多家公司，比如，成立公司A、公司B，公司A有业务，公司B也有业务，资产在两家公司混用，根本就不知道到底是公司A的还是公司B的。遇到这种情况，就要清楚地计算出成本。账都弄不明白，分析决策就纯属瞎扯！如果有资产在不同公司之间共用，就视同外部公司，由拥有资产的公司向使用资产的公司收取使用费。

纳税评估就是按照"金三"系统要求评价企业的报表指标

老板对税务风险的管控是一种方向性把控，仅依靠自己，不可能完全搞定公司的税务风险，需要将细节性的工作交给专业人士。财务总监需要为企业建一套税务风险防范系统，所谓纳税评估，就是对企业的报表指标进行评价，"金三"系统怎么评估，企业就要怎么评估。"金三"系统对所有的企业进行评估之后，会将企业分为两类：一类是有问题的企业；一类是没问题的企业。虽然具体查哪些企业是由抽签的方式确定的，但是抽签的样本库却是存在问题的企业。

《企业上缴税费汇总表》（如表 1–1 所示），是一个简单的税务风险管理工具。很多老板并不知道自己的公司上一年度缴了多少税，也不知道公司的整体税负率是多少，其实这是老板应该关注的重要事情。

表1–1 《企业上缴税费汇总表》

期间/税种	2018年度	2019年度	2020年度	2021年度	2022年度											
					1月	2月	3月	4月	5月	6月	7月	8月	9月	10月	11月	12月	全年
增值税																	
营业税																	
个人所得税																	
企业所得税																	
印花税																	
城建税																	
房产税																	
教育费附加																	

续表

期间/税种	2018年度	2019年度	2020年度	2021年度	2022年度											
					1月	2月	3月	4月	5月	6月	7月	8月	9月	10月	11月	12月	全年
地方教育费附加																	
合计																	
收入																	
整体税负率																	
增值税税负率																	

整体税负率，就是公司纳税总额占销售总额的比例是多少，8%、5%，还是3%。纳税是公司运营的一项重要成本支出，管理者需要知道该成本占收入比例是多少。这个指标的含义，就是公司收入1元钱，要缴多少钱的税。如果整体税负率是8%，公司收入100元，就要缴8元的税。这个工具很简单，每家公司都必须导入，不存在能不能用、会不会用的问题，只存在做或者不做的问题。这张表每年都要做，往以后年度延续，直到公司注销的那一天。以前的数据都要保留，不能随便删掉。有的税种按月缴，有的税种按季度缴，还有的税种半年缴。表格的横向显示了一个税种一年缴多少，纵向显示了这个月缴多少税，各税种要分清楚，算出总数和月收入，然后再算出税负率。有些税负率按月看没有意义，增值税的税负率需要按月看，有的则需要按照全年看，对比上年的税负率是多少。

财务人员做完这个表后，老板要花时间看一眼。今天没记住，明天没记住，都没有关系，三四个月后，老板就能基本掌握公司纳税的整体情况。具体这个税怎么算，不是老板的事情，老板只要知道大方向没有问题即可，比如，去年税负率是8%，今年变成8.1%，可以判断企业纳税的方向没有太大问题；如果去年税负率8%，今年突然跳到20%，肯定有问题。税负率忽高忽低，都是不正常的。

平稳增值税税负率是专业人员的事情，他们必须做税负率的管控。现在增值税专用发票可以在任何时间做进项税额认证，最好不要某个月进货多，就把进项税额全抵了，以为抵了之后就不用缴增值税了。从专业技术角度来看，这样操作没问题，但从风险管控角度讲，却是有问题的。对"金三"系统的数据进行比对，如果企业当月进货多，就说明税负率有问题，有问题就怀疑，继而引起税务检查。一旦被检查，就可能查出别的问题，所以要做好税负率的管控。老板即使不懂如何计算税，至少也要知道税负率的变化，忽高忽低的变化很容易看出来。

有的企业无意中知道，企业税负率不可能低于3%，否则就会被查。其实，3%是一个最低预警值，并不是说低于3%一定不行。这时候，如果企业把事情做到极致，每个月的税负率都是3%，按照3%做账，税负率从来不变，成为一条直线。记住，税负率忽高忽低变化不对，但税负率从来没有变化，就更不正常了。

作为企业老板，不需要知道太专业的知识、一年缴多少税，但一定要知道：当这些信息在老板头脑中形成概念时，就已经对公司纳税的整体情况有了把控。不用看那么多，有时候只要看一个数字，就能对一个数字有所了解，只要公司每天都不停地给出这个数字。老板不需要整天都盯着纳税金额，但也要知道：每个月缴多少税，一年缴多少税。税务风险也需要老板亲自把控。

符合流程：票流、业务流、资金流

有些公司可能没有买增值税专用发票，但是不等于没有虚开增值税专用发票。接受别人虚开的增值税专用发票，自己给自己虚开增值税专用发

票，都是虚开。

【案例】

公司A的产品销售是走代理渠道，有个代理商是个人，叫张三。张三从公司A买货，公司A就会欠张三发票，张三会不会要发票？可能永远不要，可能需要时再开。之后，张三把货卖给了公司B和公司C。当公司B向张三索要发票时，张三就会找公司A了，要求公司A把发票直接开给公司B。公司A也是善意，并没有买卖发票，但是，公司A的这种行为涉嫌虚开，会触犯刑法。

可见，只有票流，没有业务流，没有资金流，都会涉嫌虚开增值税专用发票。什么叫作涉嫌虚开？涉嫌虚开不一定真的是虚开，有可能是虚开，也有可能不是。如果有合同，还有合同流。四者要求一致，不一致就叫涉嫌虚开。公司在控制虚开发票风险时，要谨慎一些，做到一致；如果不一致，就作进一步的分析，到底是不是虚开？

【没有买卖增值税专用发票不等于没有虚开增值税专用发票；只有票流，没有对应的业务流和资金流的，都叫涉嫌虚开】

资金流不一致，比如，公司甲把货卖给公司A，正常情况下，应该公司A给公司甲钱，但是有可能公司B给公司甲钱，那是因为公司B欠公司A的钱，公司A让公司B向公司甲付款，抵了公司A要付给公司甲的钱。如此，就会造成资金流和票流的不一致。因为债务的抵销，需要有证据，要求公司甲、公司A和公司B三方签署抵债协议。如果没有抵债协议，至少公司A要出具一份委托收款书，因为本应该公司A给公司甲钱，现在成了公司B给公司甲钱，公司甲为什么收公司B的钱？需要公司A给公司甲出具证明，即公司A给公司甲出具一份委托收款书，委托公司甲向公司B收钱，抵公司A欠公司甲的货款。

还有一种情况，可能确实是虚开。本来应该公司A给公司甲开发票，结果公司B给公司甲开了发票，就可能是虚开。这里不一定是公司行为，也有可能是员工的个人行为。比如，公司甲从公司A购买了一批货，正常情况下，需要公司A给公司甲开发票。但公司A没发票，便从公司B给公司甲买了一张发票。发票就是公司B给公司甲开的发票。这种情况下，公司甲也是善意的，也没有让公司A去买发票。公司甲掏钱买货，确实应该拿到发票，关键是公司甲拿的发票不对，应该拿公司A开的发票，却拿到了公司B开的发票，而且公司甲还抵扣了，如此公司B就成了票贩子。即使证明公司甲是善意的，是公司A购买发票给公司甲，公司甲也要承担一定的管理责任。公司甲的确有这项业务，但即使公司甲是善意的，这个发票，不管是进项税额，还是成本所得税，都不能抵扣，要全部转出来。这也是公司甲管理不善，需要承担的损失。

当然，有时候并不是公司A操作的，而是公司甲的采购员操作的。公司甲买了公司A的货，给了公司A钱，公司A应该给公司甲开发票，但公司A开不了发票，公司甲逼迫采购员找公司A要发票，采购员没办法，只能从公司B购买了一张发票，完成了公司甲交代的任务。问题在于，如果公司甲确实出了事，员工不会扛，他会说这是老板让他干的。

采购员是经办人，老板是决策人，如此老板就会变成第一责任人，采购员变成第二责任人，老板是主犯，采购员是从犯。最终，这个风险由公司来承担，第一责任人是老板，第二责任人可能就是财务。所以，一定要将这种事情控制好。当票流、资金流、业务流不一致时，公司要进一步分析，解决这张票开不开、要不要的问题。

为了控制这类风险，在税务风险防火墙里，要导入票流、业务流、资

金流的复核流程。换句话说，公司给别人开发票时，不能随便开。客户不要发票，只给了一个公司名字，要求把发票开给这家公司，其实是客户直接把这张发票卖了，结果就变成了虚开发票、卖发票。因此，一定明确这样一条操作标准：谁给钱，给谁开发票；公司付钱给谁，就让谁给公司开发票，不能客户说什么就是什么。

【制度工具1】

增值税专用发票特别核查管理制度

第一条，为了避免涉嫌虚开增值税专用发票的可能，特制定本管理制度。

第二条，采购发票的出具单位或销售开票单位必须与采购合同或销售合同核对一致，如不一致，应进行相应的合同变更。

第三条，采购款项应由公司账户划转发票出具单位账户，销售款项应由开票单位账户划转至公司账户，做到发票和资金的一致性。否则财务部门有权拒绝支付款项和开具发票。

第四条，当货物流与发票、资金不一致时，需要有证据证明其合理性，例如，委托书。

第五条，采购获得增值税专用发票业务，原则上不进行现金支付。小金额、特殊情况下支付现金需要获得该公司开具的加盖印章收款收据。

第六条，增值税专用发票的销售业务原则上不收取现金，特殊情况下取得现金，需要向合同方和受票单位开具收款收据，并由交款人亲笔签名确认。

公司在对外开具增值税专用发票时，都不是口头通知一下就能开的。因为开具增值税专用发票需要很多信息，如地址、电话、税号等，所有的信息，都需要业务部门走正规程序通知开票员。如果没有这个程序，开发票就是开票员的个人行为。有这样的案例，有些公司开的发票量非常大，有专门的开票室，开票员自己往外卖票。但这不是公司行为，而是个人行为。比如，加油站、超市等，存在这种行为。

【制度工具2】

表1-2 开具发票申请单

一、申请人			申请日期		
二、合同全称			合同编号		
三、收款时间					
四、收入性质	技术推广（ ）	咨询（ ）	广告（ ）	电子产品（ ）	其他（ ）
五、发票类型	普通发票（ ）		专用发票（ ）		
六、开票信息					
公司名称：			注册地址		
开户行：			账号：		
税号：			联系人/电话：		
开票金额：			开票摘要：		
会计审核：			部门负责人：		
财务部经理：			财务总监：		
七、汇款银行信息					
单位名称：			地址：		
开户行：			银行账号：		
联系人：			联系电话：		

十大风险：规避存货账实不符、货币资金账实不符、三流不一致等

（一）存货账实不符

不管什么原因，如做两套账、买票、多转成本等，只要存货账实对不上，都是大事。即使做两套账，给税

> 风险之一：存货账实不符

务局的账面存货和仓库实际的存货也要对上，否则就说明做两套账的方式不对。很多人认为不可能、做不到，那是因为做两套账的方式本身就是错误的。缺少规划，不知道事情该怎么干，刚开始还会追踪账实差异，最后没法看差异了，就完全不管了——实际是实际，账面是账面，完全不相关了。

公司购买发票后，账面上的库存进来，其实并没有进来，库存肯定对不上。即使是公司注销那一天，也得将这个亏空补上。因为消不掉亏空，账面上有几千万元的存货，实际根本就没有，即使公司多转点成本，会消耗一部分，但也消耗不完。为了抵进项税额，存货金额一般都很大，结转成本太多，"金三"系统只要对比，就能发现异常，最终账面会积存很多的存货，但没有实物。公司注销时，税务局会认为公司要卖掉这些存货，即使公司注销，存货卖不掉，也视同卖了（给了股东也叫卖），也就是说账面上的存货，最后还得缴一次税……为了多抵扣进项税额，买发票，形成库存，为了消化库存，再缴一次销项税，结果和没买票一样。

账面库存＜实际库存

账面库存＞实际库存

有些公司存货对不上，是因为实际比账面高。原因何在？多转成本。今年利润高，不想缴那么多所得税，问财务有什么办法？财务最简单的办法就是，调一下数字，把成本都转走。多转点成本，就能降低利润。比如，实际存货3000万元，账上存货3000万元，财务为了降低利润，多转了1000万元的成本，账面存货变成2000万元，实际存货还是3000万元，胀库了，库存还是对不上。今年多转了1000万元，明年又多转了1000万元，明年账上只有1000万元存货，实际存货还是3000万元。后年还多转，结果最后发现企业账面没存货。账面没存货，仓库、车间里却还有一堆存货。

这种情况自然逃不过"金三"系统的比对分析，比如，生产汽车配件的厂家，账面存货只有十几万元，收入却高达几千万元，就不符合常理了。一年要转365次，早上进回原材料，中午变成产品，下午卖掉，存货周转太快，众所周知，生产周期最快也要一周时间。发生这种情况，都不用"金三"出手，税务局的人一看报表数字，就能知道企业在做什么手脚。

存货对不上，只有三种原因：做两套账和多转成本以及买发票。这三件事，哪件事都是老板承担不起的。曾经有一家公司多转成本，税务局查完之后，发现多转了1亿元的成本。多转1亿元的成本，补税2500万元，罚款2500万元，这是最低了，还得缴滞纳金……

（二）货币资金账实不符

货币资金账实不符，就是钱对不上。现金对不上，银行余额也对不上。为什么对不上呢？比如，公司出现了一些无法入账的支出。财务人员不把老板的个人往来当口袋，而是将"现金"这个会计科目当口袋，导致公司账目上显示现金有好几百万元。实际上并没有，数字都是虚的。为什么出现虚的数字呢？钱都被老板拿走了，财务人员没做账，反正这笔现金是虚的。

风险之二：货币资金账实不符

（三）大额应付账款长期挂账

公司欠供应商的钱，永远不还，一直在应付账款里面挂着，问题会很严重。公司为何不想付应付账款？是想还但是没钱还吗？不是。公司欠一家供应商的应付账款，两三年没变动，一定有问题。更严重的是，企业跟这个供应商的业务是突然发生的，金额很大，欠款一直挂账，好几年不还。

风险之三：大额应付账款长期挂账

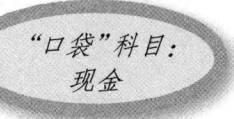
"口袋"科目：现金

曾经有一个老板，请咨询师看财务报表，想请老师评估一下。咨询师一看，直接对这个老板说："凭借这张报表，完全可以直接抓人了，判个无期，都没有问题。"为什么？因为通过报表上的数据，咨询师完全可以判断这家公司购买了巨额发票，至少买了几千万元。这个老板感到很好奇，问咨询师是怎么看出来的？

咨询师就告诉他，报表的左边资产总额8000多万元，绝大多数都是存货，公司的注册资本却是200万元，典型的小马拉大车，甚至小马都算不上，最多是小羊。如此少的注册资本，支撑不了如此大的业务规模。再看净资产，净资产才100万元，表明公司这么多年，不但没赚钱，反而亏钱了。

那么，8000万元的存货是从哪来的？存货8000万元，应付账款8000多万元，就是买发票形成的，存货是假的，应付账款也是假的。公司的净资产只有100万元，任何供应商都不会允许它欠8000万元的货款。

（四）三流不一致

增值税专用发票流、业务流、资金流不一致，这也是十大税务风险之一。

风险之四：三流不一致

（五）大额异常发票

公司突然出来一张发票，以前从来没有过这个供应商，只有一笔大金额的发票，作为公司的成本列支。这就是大额异常发票，是非常重要的税务风险。

风险之五：大额异常发票

（六）按开票时间确认收入

很多老板认为，什么时候开票，

风险之六：按开票时间确认收入

就什么时候缴税，不开票就不缴税，这种观念大错特错！公司什么时候缴税，跟什么时候开发票，根本就没有关系，不开发票也得缴税。正确的观念应该是，该缴税时缴税，该开票时开票，该缴税时没开发票，也得缴税。

（七）秘密账户

有些公司设有秘密账户，什么叫作秘密账户？比如，一家广州的公司跑到安徽的某一个乡镇银行开设一个账户。这是在外地开户，当然也可能是本地，在外地只是为了更加隐蔽，还要找一个不出名的乡镇银行。该银行账户是以公司的名义开的，但是不做账，公司账面上不体现这个账户的钱，这个账户专门用于收取不做账的那些收入。这个账户就叫秘密账户，账上不体现，实际是存在的。

风险之七：秘密账户

这是非常粗暴的方式，只要税务局检查，根本就跑不掉。税务局只要查看公司资金，就能把公司的所有银行账户查一遍，并不需要通知公司。税务局只要自己开一张检查单，局长签完字，检查人员就能拿着检查单去银行查这家公司的所有银行账户，银行须要配合税务局的检查。在人民银行的信息系统里，把公司的所有银行账户打印出来，税务检查人员对比人民银行系统里的账户清单和账面的账户清单，如果账面上的银行账户少，就是证据确凿。

此外，以公司老板的名义开立的个人银行卡也一样。税务机关可以直接检查公司主要负责人的个人银行卡，包括出纳的个人银行卡。出纳虽然不是主要负责人，但这是关键岗位。税务局只要采用查两套账的方式，查一下钱的流向即可。

（八）财政资金不缴税

很多企业认为政府补贴不缴税、土地返还款不缴税，都是错误的。

风险之八：财政资金不缴税

公司收到政府的补贴款，尤其是科技性公司，不缴税，就会涉及税务风险。

还有一种情况，是土地返还款。企业买一块地皮，跟政府签的价格是一亩 10 万元，走招拍挂程序，挂的价格是 50 万元一亩。政府把 40 万元返回给企业，如果有 100 亩地皮，就会返回给企业 4 亿元。这 4 亿元，也是企业的收入，需要缴税。

（九）内部资金往来过大且混乱

风险之九：内部大额资金往来

公司资金太乱，税务局就会怀疑有问题。比如，一个老板设立了几家公司，资金在几家公司之间，公司与老板、老板娘、小舅子之间，甚至与供应商、客户、债权人之间等随意调动，想怎么调就怎么调，最后变成一团糟。为什么会变得这么乱？因为老板认为这些公司都是自己的，怎么调钱都可以。这是不对的！"亲兄弟，明算账"，各家公司之间要分清楚，个人和公司之间要分清楚，不能胡来。资金乱到一定程度，不管实际上有没有问题，都会让税务局的人认为有问题。

（十）不符合逻辑和常规的异常情况

有些公司经常发生不符合逻辑的情况，做不符合常理的事情，这些都是异常情况。

风险之十：不符合逻辑和常规的异常情况

比如，有些公司没有电费，不符合常规。即使是没有电费发票，该有的电费也得有。没有发票是要解决没电费发票的问题，不能用另外一个错误来掩盖这个错误，弄得公司没有电费。公司本来是生产企业，居然没有电费。没发生电费的生产企业，就不正常。有些老板解释说，厂房不是公司的，是租的；电表是业主的，电费发票直接开给业主了。这样的解释，根本就站不住脚。老板自己付，哪来的钱？凭什么自己付？这样，就等于直接告诉税务局公司有账外资金。

再如，有些公司做建材生产销售或做铝合金门窗，通常都有废品废料，可以卖钱。怎么卖？第一，不要发票；第二，给现金；第三，库存里没有，已经进入产成品了。由此，卖废品的钱就会直接进入小金库。为什么账上没有废品废料收入？也许，卖废品废料确实没有多少钱。但是，这种异常，并不代表有多少钱没入账，反而说明公司有两套账。有没有是原则问题，有多少是态度问题。这笔钱应该有，但是没那么多，没有就是原则问题。所以，企业要规避这些问题（如表1-3所示）。

【制度工具】

表1-3　税务风险调查表

序号	调查项目（第一类）	结果
1	您是否对公司的主要税种的税负率认真测算过？	
2	公司在招聘会计人员时，是否测试其办税能力？	
3	您对所从事行业的相关税收优惠政策，是否了解？	
4	公司是否对采购人员索要发票事项进行过培训？	
5	对外签订相关经济合同是否考虑过对纳税影响？	
6	租赁、融资、购房或投资是否考虑纳税的事项？	
7	新业务发生时是否系统地咨询过相关财税专家？	
8	新颁布的税收政策法规是否在30日内学习掌握？	
9	税务局的评估、约谈或稽查您是否了解其意图？	
10	是否聘请过财税专家定期进行财税风险的诊断？	
序号	调查项目（第二类）	结果
1	您公司是否存在抽逃资本的情况？	
2	您公司是否存在货币资金账实不符的现象？	
3	您公司是否存在存货账实严重不符的现象？	
4	您公司是否存在大量非经营性往来？	
5	您公司是否按开票时间计税？确认收入？	
6	购销业务中是否存在经常性或较大金额的"票流""物流""资金流"不一致？	
7	您公司是否存在大金额的现金支付费用？	
8	您公司是否存在较大金额的应付账款长期挂账问题？	
9	您公司"资本公积"科目是否经常变动？	
10	您公司是否存在较大金额或比例的现金销售？	

调查结果分析：
　　第一类指标回答3个否定时公司可能存在不安全隐患；6个以上否定时，公司可能存在较大的税务风险；
　　第二类指标回答3个以上肯定时，公司存在较大税务风险；6个以上肯定时，存在很大的税务风险。

第二章
老板要管好企业内外部投融资

一、实业投资管理，重在公司及股权设计

对于实业投资来说，一个重要内容是公司设计和股权设计，涉及公司顶层设计，包括公司战略的设计、公司模式的设计等。

什么叫公司设计？企业家经营公司，发展到一定阶段，就不仅仅是一家公司，可能会出现很多家公司。这些公司之间就可能出现这样的情况：一个老板的名下共有三家公司，第一家公司，老板和老板娘是股东；第二家公司，老板娘和儿子是股东；第三家公司，老板和儿子是股东。之所以会出现这种情况，是因为创建公司时忽视了设计问题，怎么方便怎么来。结果，提高了成本，一旦公司上市，就要缴一大堆的税。所以，要想做股权设计，就要先了解中国对公司的法律规定。

企业的两种法律形态：有限责任企业和无限责任企业

企业有两种法律形态：一种叫有限责任企业，一种叫无限责任企业（如图 2-1 所示）。有限责任企业，企业的股东承担有限责任。无限责任企业，股东就要承担连带责任。

不过，并不代表有限责任就一定比无限责任好。从风险控制的角度来说，有限责任比无限责任好，因为股东承担有限的责任。但是从其他角度，比如，从税的角度来看，无限责任可能就比有限责任好，因为无限责任缴一道税，有限责任要多缴一道税。也就是说，无限责任是可以穿透的，有限责任无法穿透。有限责任先得缴企业所得税，然后缴个人所得税；无限责任公司则不用缴企业所得税，直接缴个人所得税即可，剩下的钱就是股东的。所以，从纳税的角度来说，无限责任会少缴一道税，甚至可能还不是一道，因为很多无限责任企业的税是核定征收的。

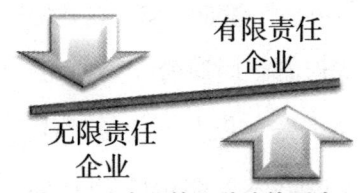

图2-1 企业的两种法律形态

有限责任公司，可以分为一人有限和多人有限（如图2-2所示）。所谓一人有限，就是一家有限责任公司，股东只有一个。如果股东是自然人，且是一人有限公司（自然人独资），就会有很多限制，每个自然人只能成立一家一人有限公司。因此，不建议设立一人有限公司（自然人独资）。

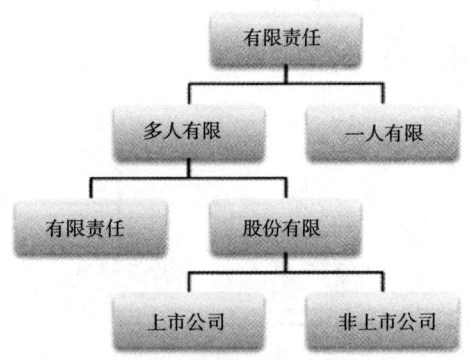

图2-2 有限责任公司

原因是什么？一人有限公司，国家控制得比较严，尤其是自然人股东，要求更高。一个自然人只能设立一家一人有限公司，且该有限公司不能再设立一人有限公司；多人有限公司，股东为2人以上，50人以下（有限责任公司），并不意味着公司的股东需要设置四五十个。公司有很多股东，如果某个小股东对公司不满意，就会对一些需要全体股东签字的事件拖延。因此，一家公司最好不要有太多股东。

如果公司已经有了很多股东，怎么办？要打造一个持股平台，把管理层股东放到该平台里，就是一个合伙企业，合伙协议规定：实际控制人当普通合伙人 (General Partner, GP)，管理层当有限合伙人 (Limited Partner, LP)。如此，才便于公司决策，特别是在创业初期。

还有一种公司的法律形态，叫股份有限公司，上市公司都是股份有限公司，不过股份有限公司不一定是上市公司。对于上市公司，法律要求必须是股份有限公司，要求发起人不能超过 200 人，但公司上市后，股东可能会增加到成千上万人。谁买公司的股票，谁就是公司的股东。

无限责任的企业形态，常见的有合伙企业（如图 2-3 所示）。合伙企业的合伙人主要承担无限责任，但为了鼓励某些行业合伙企业的发展，法律在合伙企业里规定了一种特殊的合伙企业，叫有限合伙企业。所谓有限合伙企业，是指合伙人有 50 个以下，其中，有一两个合伙人承担无限责任，其他合伙人承担有限责任。

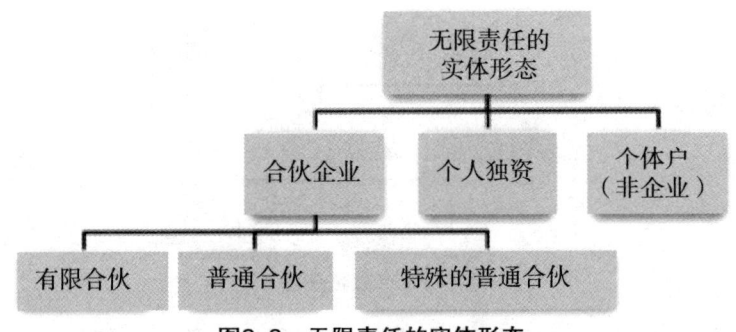

图2-3　无限责任的实体形态

无限责任的企业形态，还有个人独资企业。所谓个人独资企业，就是只有一个出资人，不同于一个人当股东的一人有限公司。个人独资企业，出资人承担无限责任，只缴个人所得税，不缴企业所得税；而一人有限公司，股东承担有限责任，企业要缴企业所得税，股东分红要缴个人所得税。

除了合伙企业、个人独资企业，个体工商户也是一种无限责任的经营实体。

表2-1 企业法律形态总结

法律形态	实体类型	股东\投资者	风险承担	企业所得税	分红股东个人所得税
有限责任	一人有限	1人	以出资额为限	√	√
	多人有限	2~50人	以出资额为限	√	√
	股份有限	发起人200以下	以出资额为限	√	√
	国有独资	国家出资	以出资额为限	√	√
无限责任	合伙企业	2人以上	无限连带责任		√
	个人独资	个人	无限连带责任		√
	个体工商户	个人或家庭	无限连带责任		√

股权设计：门店销售类行业别做成公司制的形态

了解了中国对企业法律形态的规定，即可了解股权架构设计。比如，餐饮、珠宝销售等门店销售类型的行业的股权设计。这些行业，目前很难做到特别规范。比如，餐饮企业要买菜，就很难索要发票；珠宝行业，买黄金，确实有发票，但买矿石，一般就没有发票了。所以，这类企业不建议做成公司制的企业形态。而且，开门店没有收款风险，一手交钱，一手交货，债权债务很少。这类企业，特别是在创业初期，可以成立一家公司，比如，×××餐饮管理公司，公司下面开店，但不能将这些店做成分公司，否则会很麻烦，要选择个体店。这些个体店和公司没有股权关系，但存在一定的管理关系，即内部统一管理，公司不能对外代表个体店，对内要统

一管理,相当于总部,负责管理这些门店的技术标准、人员培训、采购等。在对外关系上,每个店都是独立的,以自己的名义缴税。多数餐饮门店都是核定缴税,税局都不要求查看账本。

有人可能有疑问,这种模式能上市吗?如果准备上市,餐饮管理公司可以设分公司,然后把门店的业务转移进入分公司即可。

餐饮管理公司总是没有收入,可以吗?可以向门店收取管理费,如果没准备上市,收取的管理费,可以暂时平衡公司本身发生的成本费用。

需要注意的是,公司要做规范。历史干干净净,公司才有上市的可能。将来业务做大,餐饮管理公司就可能成为上市主体,收入主要来自管理费、加盟费。另外,还要设立几家业务公司,比如,做中央厨房业务的公司、做供应链业务的公司。给门店做配套业务,赚批量采购的钱。

另外,还可以设立一家业务公司,专门负责开店。这家公司可以叫培训公司,主要业务就是选址、开店、收钱、培训员工等。采用加盟的模式,就能收取一定量的加盟费,主要服务内容包括门店的选址、设备购置、员工培训、品牌授权等。当然,收取加盟费,也是餐饮管理公司的主要盈利点。

餐饮行业,如果真正搞餐饮卖吃的东西,赚钱速度太慢,完全可以复制开店赚钱。开一家店,收取加盟费100万元,利润大概有25万元;一年开1万家店,就能赚25亿元。店开起来后,还可以跟各店收取管理费,比如,按照门店的营业额,收5%或6%的管理费,每年都收。此外,要持续地向门店销售原材料,赚些差价。

这就是餐饮管理公司的盈利模式。可是,按照这种模式设计,这家餐饮管理公司就会变成一家输出管理的公司,三家业务公司的收入,既没有卖餐饮的收入,也没有卖菜的收入。一个是管理公司,有管理费收入;一个是买卖东西的公司,大批货物采购,售出,是贸易收入;还有一家公司是开店做培训的，赚取加盟费收入。这样，就把餐饮行业做成了另外一种商业模式，经过这样的改造，餐饮管理公司上市就完全没问题了（如图2-4所示）。

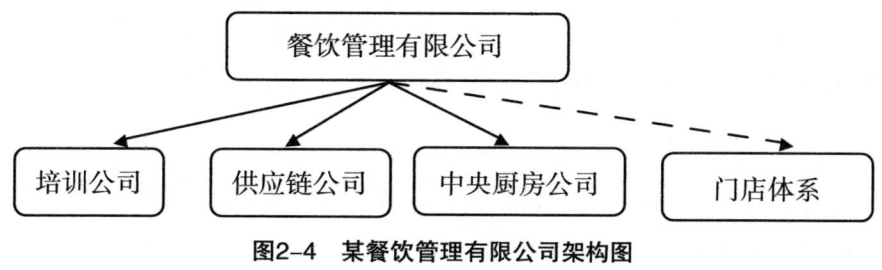

图2-4 某餐饮管理有限公司架构图

公司之间的三种关系：兄弟关系、母子关系和总分关系

什么叫公司与公司之间的关系？一位企业家控制多家公司，公司和公司之间到底是什么关系？这种关系一般有三种。

关系1：兄弟关系

举个例子（如图2-5所示），公司A、公司B、公司C有一个共同的爹，A、B、C是兄弟关系。如果公司经营多元化的业务，公司之间一般选择兄弟关系。多元化，就是干不同的行业，比如，公司A做建材、公司B做服装、公司C做咨询培训。三家公司的业务没有任何关系，适合选择兄弟关系。

【公司与公司之间的关系有三种：兄弟关系、母子关系、总分关系】

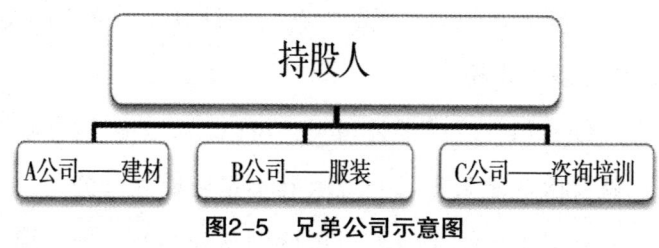

图2-5 兄弟公司示意图

关系2：母子关系

> A和A1有业务上下游关系，则选择这种母子关系

所谓母子关系，就是公司A又成立公司A1。A和A1就是母子关系。A1是A的子公司，且一般情况下，A1只有A这个股东。

如果A的业务和A1的业务是上下游关系，就要选择母子关系。

关系3：总分关系

> 同业复制时，多选择总分关系

总公司和分公司之间的关系，是同行业复制，可以选择总分关系。

那么，母子关系与总分关系有什么区别？总分关系，分公司的责任由总公司承担；母子关系下，子公司的责任，由子公司自己独立承担。母子公司之间有风险防火墙，而总分公司之间没有。

采用总分公司，总公司就要加强对分公司的管控力，否则分公司惹了事，总公司就得承担责任；既然总分关系这么麻烦，是不是直接采用母子关系就行？不尽然！因为总分公司在企业所得税征缴方面有一个很大的好处。比如，经营酒店，广州有酒店、深圳有酒店、上海有酒店、北京有酒店……有的酒店盈利，有的酒店亏损，新开业的酒店可能亏损，开业早的酒店可能盈利。

分公司 vs 子公司

如果这些酒店之间是母子关系，盈利的就盈利，亏损的就亏损，盈利的酒店要缴企业所得税，亏损的酒店不用缴企业所得税。但是如果这些酒店是总分关系，盈利的就能和亏损的加在一起计算需要缴纳的企业所得税，减少当年缴纳的企业所得税。

可以不选择分公司，改成子公司吗？可以！比如，地方政府不让在当地设分公司，就要改成子公司。当地政府不希望成立分公司，原因一般有两个：第一，税务局不想把企业所得税缴到总公司所在地；第二，分公不统计 GDP，分公司的 GDP 统计到总部。

公司扩展的两种路径：横向扩张和纵向发展

要想将公司做大，无外乎走两条路：一条路是横向扩张，一条路是纵向发展。横向扩张就是走多元化路线，纵向发展就是走专业化路线。两条路线不是非此即彼的关系，公司可以横着走的同时也竖着走，举例如下。

公司 A 是做服装的；公司 B 是做机械制造的；公司 C 是做房地产的；公司 D 是开酒店的。A、B、C、D 之间就是兄弟关系，它们不适合选择母子关系，因为彼此都不是一个行业，谁也帮不上谁。如果选择母子关系，未来就容易产生矛盾，为什么？刚开始做服装起家，后来又做机械制造，再后来又做房地产。如果 B 做 A 的儿子，有一天 A 和 B 做股权改造之后，B 赚的钱有一部分要分给 A。A 也做股权改造，如果按照母子关系，B 赚的钱也要分给 A 一部分，A 的股东也是多元化，管理层有股份。A 的管理层也拿到了 B 的管理层赚的钱，这样就非常不合理。

具体一点，就是公司 B 赚的 1 亿元，公司 B 给了自己的管理层 40% 的股份，剩下 60% 的股权在公司 A 名下。公司 B 赚的这 1 亿元，被公司管理层分走 4000 万元，给了公司 A 6000 万元；公司 A 将自己的股份给了自己的管理者 40%，从公司 B 分回的 6000 万元，用不用再分 40% 给公司 A 的管理层？这是个问题。

公司 A 的管理层拿到 2400 万元，老板可能会想，这是我的钱，我爱给谁就给谁。这样分，很容易惹得公司 B 的管理层不高兴，他们会说，我们打的天下，赚了 1 亿元，只拿了 4000 万元，公司 A 管理层什么都没干，凭什么拿 2400 万元？他们会觉得不公平。公司 B 管理层会认为，老板既然能分给公司 A 管理层 2400 万元，就应该把这 2400 万元给他们，不应该给公司 A 的管理层。所以，为了防止出现管理上的矛盾，一开始就要设定好：A、B、C、D 谁干得好，谁赚的就多。

除了 A、B、C、D 是兄弟关系外，A 能否横向扩张，做多元化？比如，公司 A 觉得做服装不赚钱，现在有一个新能源项目，挺赚钱，就不能直接开始做新能源！为什么？因为横向扩张，走多元化路线，不是公司 A 的权力。要想多元化发展，可以在 A、B、C、D 后面成立一家 E 公司，由 E 公司去做新项目。对于公司 A 的管理层而言，不能吃着碗里的看着锅里的，华山只有一条路，公司 A 管理层的主要任务就是把服装板块做好。

因此，公司 A 只能走专业化的路。不过，公司 A 可以拓展产业链，走专业化，向上、下游发展，还可以把规模做大。比如，公司 A 可以成立采购公司 A1、设计公司 A2、布料公司 A3、制造公司 A4、销售公司 A5 等，最后形成一个服装产业集团。

当然，机械制造公司也一样，也可以继续设立锻造公司 B1，钢材公司 B2、制造公司 B3、销售公司 B4……最后形成机械制造集团。

这样发展下去，未来公司旗下定然能形成四大业务板块，四套人马，四个集团（如图 2-6 所示）。在四个板块公司的上面，这四家控股的公司，一般不希望 A、B、C、D 只有一个股东，应该让个人当一个小股东。

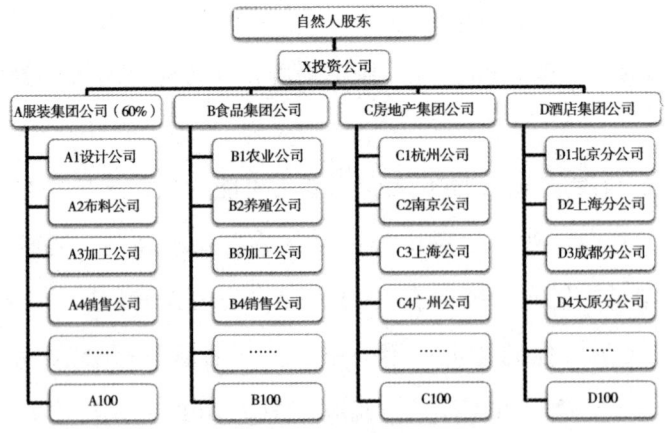

图2-6　公司扩展的路径

X公司投资设立公司A，赚了钱，老板如果想成立公司B，钱从哪儿来啊？从公司A来！如果不是X公司当股东，由老板个人当股东，从公司A拿钱，就得缴个人所得税。缴税后，再投资成立公司B，其实利用的就是税后红利。如果具备X公司架构，A公司赚了钱，只要直接分给X公司即可，X公司就能直接投资公司B。A公司赚钱后，分红给X公司，X公司是不需要缴税的；然后，再投资给公司B，也不用缴税。一句话，股东是法人，就不用缴税；股东是自然人，就得缴税。还有一种情况，老板个人持有一家注册在广州的公司股份，分红时，老板的个人所得税就得缴在广州。如果想改变纳税地点，怎么改？如果股东是自然人，就无法改；如果股东是法人，则能在X公司的所在地缴纳，只要增加一层股权结构，改变X公司的注册地点，就能改变个人所得税的纳税地点。

那么，如何选择个人所得税分红地点？主要看目的如何。如果只是为了回报家乡，就在家乡注册；如果想降低税负，可以将X公司注册在税收洼地。

股权设计除了要降低税负，还要考虑业务发展的需要。未来公司A可能会做股权改革，X公司持有公司A的股份就不一定是100%，比如60%，剩下的40%股权则会给管理层。X公司不允许外人随便进，X公司是实际控制人的家族企业。如果是公司A的管理层，就在公司A这层持股，完全可以将股份给公司A的管理层。

当然，如果只有一个外人，且与A、B、C、D都有关，怎么设计股权？要在X公司的上面加一层（如图2-7所示）。

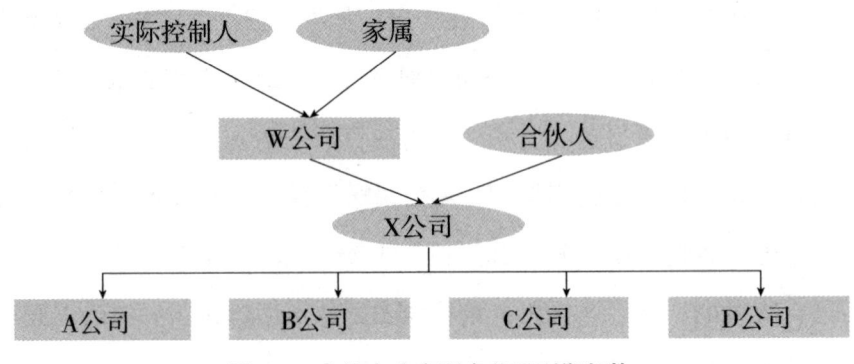

图2-7 合伙人分享所有公司利润架构

中国有句古话"富不过三代",有些公司可能都没想过要过三代,因为公司的股权架构设计不能支持过三代。很多老板说要做百年基业,事实上是不可能的。股权设计时,他们根本就没想过百年以后会怎么样。第一代创业到下一代,如果有两个继承人;再到下一代,两个继承人就会变成四个继承人;到了第三代时,至少有八个继承人甚至十几个继承人,公司股权分散,事业就无法传承下去了。

因此,为了保证传承百年,就必须充分考虑家族的整体利益,要让家族形成一个整体,让家族的利益和行动保持一致。所谓一致,就是我中有你,你中有我,我的是你的,你的也是我的。可是,在家族里,总会有一些人有其他想法,你的是我的,我的还是我的,存在私心。此外,如果某人只是自己想干点事情,跟家族无关,也可以重点进行股权设计。

举个例子。

兄妹三人共同投资成立一个X公司,大哥持股51%,二弟持股29%,三妹持股20%。X公司下面再设立公司A、公司B、公司C等(如图2-8所示)。

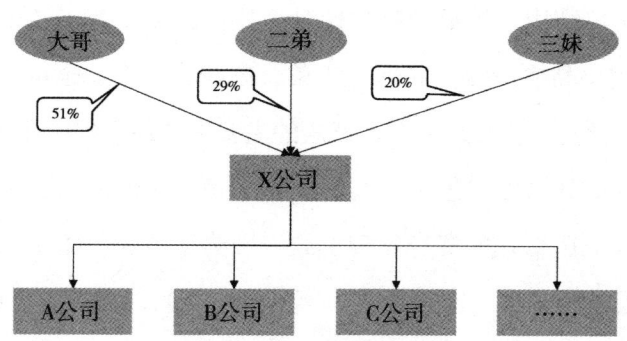

图2-8 普通的家庭成员持股结构

在这种股权结构下,X公司就会成为整个家族事业的一个控股公司,相当于集团总部,大哥在X公司及A、B、C公司所做的事情,都跟二弟、三妹有关系。

如果将来有一天,大哥想干某事,不想带着二弟和三妹了,且二弟和三妹也不想掺和大哥的新事业,就需要重新设计股权结构了(如图2-9所示)。

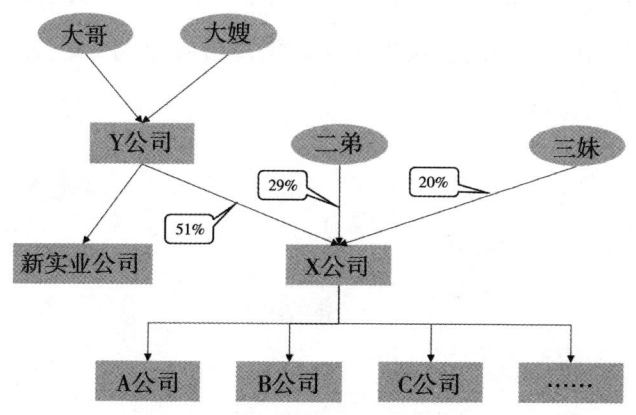

图2-9 家庭成员拓展后的持股结构

同理,二弟也可以成立自己的公司,三妹也可以成立自己的公司,各自代表一个家庭。

上面的股权结构，传承到第二代时，比如，大哥有了孩子，就会在上图中的Y公司中持有股权。同理，二弟、三妹的子女，也可以在各自的家庭公司里持有股权，这样，一个大家族的主要资产还都集中在X公司里。

那么，传承到第三代怎么办？到了第三代，上面的股权结构就不适合了，需要引入家族信托的资产管理形式。因为这时候，整个家族多达几十人，个人的股份都很少，非常分散，家族成员之间的血缘关系也日渐疏远，各有各的想法，一旦与管理层和外部投资人联手，导致家族控制权的疏散，也就无法成为家族企业了。

多层持股结构，还有一个好处就是可以放大控股权（如图2-10所示）。

大哥持有X公司51%的股权，X公司持有A公司60%的股权，大哥实际持有A公司的股权比例就是30.6%。如果大哥直接持有A公司30.6%的股份，持股比例还没有A公司管理层的持股比例高，可能会失去对A公司的控制权。但是，通过上面的这种持股结构，大哥持有X公司51%的股权，就拥有对X公司的控制权，X公司持有A公司60%的股权，X公司就对A公司有控制权。因此，大哥实际就能控制A公司。通过X公司，大哥就放大了自己的控制权。

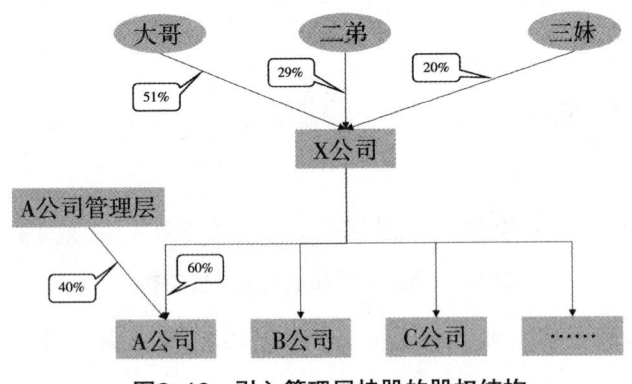

图2-10 引入管理层持股的股权结构

有时，股份不只代表钱，还代表话语权。为了提高员工的积极性，公司创始人可以把钱分给员工，但要将话语权控制在自己手里，特别是在创业初期时，只有掌握话语权，才能控制公司的发展方向。未来的某一天公司发展到一定规模，创始人不想当老大了，就能把控制权让出来（如图2-11所示）。

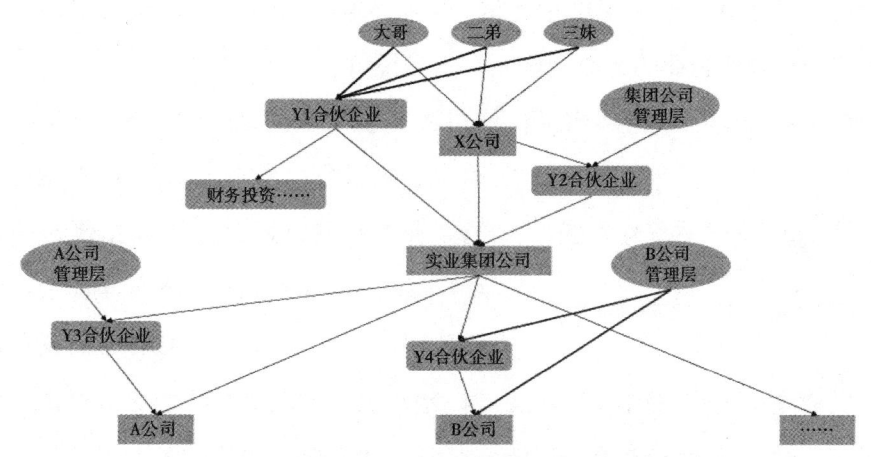

图2-11　加入财务投资及多层次管理层持股的结构

当然，公司规模扩大后，上面讲的 X 公司的架构还可以进一步拓展。如图 2-11 所示，家族成员可以一起投资设立 X 公司，同时一起投资设立 Y1 合伙企业，X 公司用于实业投资，Y1 合伙企业用于财务投资。

【有限合伙企业在公司扩展中的使用】

往下一层，X 公司作为 GP，集团公司的管理层作为 LP，共同投资设立 Y2 合伙企业。Y1 合伙企业、Y2 合伙企业、X 公司共同投资设立实业集团公司。在这个层次，X 公司作为长期控股的主体，将来实业集团公司上市后，家族成员可以通过 Y1 合伙企业变现一部分股权，集团公司管理层可以通过 Y2 合伙企业变现股权。Y1 合伙企业同时还可以用于对外进行财务投资。

再往下一层，实业集团公司作为投资主体，投资控股公司 A、公司 B

57

等经营具体业务的公司,为了让公司A、公司B的管理层也分享到自己所经营管理公司的利润,通过实业集团公司与管理层共同出资设立Y3/Y4合伙企业的方式,共同对具体业务的公司进行投资。

上面的模式,都是用有限公司担任合伙企业的普通合伙人,实际上用有限责任的形式,避免了承担合伙企业的无限责任。当然,也可以用自然人直接担任合伙企业的普通合伙人,就是税负结果不一样。

在上面的这个股权架构里,公司A的税后利润,分配给Y3合伙企业

【有限合伙企业与管理层持股】

和实业集团公司,Y3合伙企业不需要缴纳企业所得税,而是需要代扣代缴公司A管理层的个人所得税。实业集团公司收到公司A的红利后,不用缴纳企业所得税,实业集团公司再向X公司分红,X公司还不需要缴纳企业所得税。只有当X公司向大哥、二弟、三妹分红时,才需要代扣代缴个人所得税。或者集团公司的管理层从实业集团公司领取分红时,也需要缴纳个人所得税。

从这个股权架构可以看出,大哥、二弟、三妹是通过三条路径持有实业集团公司的股权的,分别是Y1合伙企业、Y2合伙企业、X公司,这三条线路各有各的目的。Y1合伙企业主要是解决实业集团公司上市后,家族成员要股权变现的问题;Y2是解决对集团公司管理层的控制问题;X公司是为了实现对X公司的控股。股权变现和红利分配是两种不同的收益实现方式,所以需要用不同的路线来实现,才能达到税负最低化的目的。

有限合伙企业的好处有很多,地方政府也喜欢,因为这种企业不用生产,不会造成污染。所以,很多地方政府对有限合伙企业出台了税收优惠政策,比如,江西的井冈山、重庆的潜江等。企业家在注册有限合伙企业时,可以选择税收洼地作为注册地。

上面的股权架构,不仅可以解决家族成员变现、控股的问题,还可以

将管理层放在合伙企业里。为了激发管理层的积极性,很多企业都在搞管理层持股,但如果股东人数特别多,召开股东会决议、找人签字等都要花很长时间。给管理层股权,可以提高管理层的收入,而不是让管理层在股东会这个层面制造障碍。因此,如果想让管理层分享企业的利润,又不想让管理层参与股东层面的活动,就可以把管理层放在有限合伙企业里。在有限合伙企业里,管理者做有限合伙人,可以分红,但不能参与企业的经营管理。而实际控制人担任有限合伙企业的普通合伙人,可以保证对企业的绝对控制。这样的有限合伙企业,一般称之为管理层持股平台。在实际操作中,为了公司未来的发展,以及新人才的引进,在管理层持股平台里的股份,要预留一部分,放在普通合伙人的名下,将来有新的人进来,再转让给他们。

在有限合伙企业里,决策权以及分红的比例,跟合伙人的出资比例没有绝对关系。比如,张三、李四、王五成立一家有限合伙企业,张三是普通合伙人(GP),李四、王五是有限合伙人(LP),张三出资5万元,李四、王五两个人各出资1000万元。企业的经营管理依然是张三说了算,李四和王五出钱再多,也无法拍板。将来如果有限合伙企业赚了钱,按照什么比例来分配?可以约定,先给张三20%的利润,剩下的再给李四、王五分。

【GP 与 LP】

这就是一些大公司或整个家族可能面临的一种股权架构。如今,多数中小企业可能还想不到这一层,因为他们的钱不够多。当公司的规模达到10亿元以上、跨多行业经营时,就需要这种构架了。所谓"人无远虑,必有近忧",即使目前企业的规模还不够大,也要先搭建起适合未来十年发展的股权架构。

表决权关键节点：重大事项否决权、相对控股权和绝对控股权

在公司控制权方面，一共有三个关键节点。

公司表决权的第一个节点是34%，持有了34%的表决权，就有了重大事项的否决权，即想干什么说了不算，对自己不满意的事情，却能否定。那么，什么是"重大事项"呢？

根据《中华人民共和国公司法》的规定，以下事项需要在股东会上持有三分之二表决权的股东通过（如果是股份公司，要求出席股东大会的股东中持有三分之二表决权的股东通过）。

【相关法律条文】

股东会会议作出修改公司章程、增加或者减少注册资本的决议，以及公司合并、分立、解散或者变更公司形式的决议，必须经代表三分之二以上表决权的股东通过。

——《中华人民共和国公司法》第四十三条

公司股东会表决权的第二个节点是51%。叫作相对控股，具有一般重大事项的决策权。《中华人民共和国公司法》里也规定了哪些事项属于"一般重大事项"。

【相关法律条文】

股东会行使下列职权：

(一)决定公司的经营方针和投资计划；

（二）选举和更换非由职工代表担任的董事、监事，决定有关董事、监事的报酬事项；

（三）审议批准董事会的报告；

（四）审议批准监事会或者监事的报告；

（五）审议批准公司的年度财务预算方案、决算方案；

（六）审议批准公司的利润分配方案和弥补亏损方案；

（七）对公司增加或者减少注册资本作出决议；

（八）对发行公司债券做出决议；

（九）对公司合并、分立、解散、清算或者变更公司形式作出决议；

（十）修改公司章程；

（十一）公司章程规定的其他职权。

对前款所列事项股东以书面形式一致表示同意的，可以不召开股东会会议，直接作出决定，并由全体股东在决定文件上签名、盖章。

——《中华人民共和国公司法》第三十七条

上述职权中，第（七）、第（九）条，以及第（十）条中的公司合并、分立、解散、变更公司形式，属于重大事项，需要持有三分之二表决权的股东通过。

第三个关键节点是67%。

持有一家公司的表决权比例达到67%，叫作绝对控股，拥有公司重大事项的决策权。

所以，要想绝对把控一家公司，持有的表决权比例要达到67%以上；如果只想行使重大事项否决权，表决权比例不能低于34%。一般情况下，大股东持有一家公司的表决权，除非不得已，不能低于34%，否则，就只是名义上的大股东，很多时候，都说了不算（如图2-12所示）。

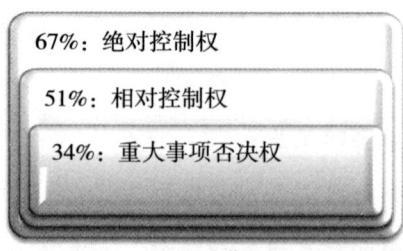

图2-12 表决权比例

在有限公司里,股东可以在公司章程里作特别约定,让股东在股东会里的表决权比例与出资比例不一致。假如有这样的一家公司:大哥持股30.6%,二弟、三妹和管理层的持股比例合计超过67%,接近70%,如果股东会表决权比例与持股比例相同,二弟、三妹和管理层联手,就能取得公司的绝对控制权,大哥虽然是最大股东,但也可能落选董事,当不了董事长。为了避免这种情况发生,制定公司章程时,可以在章程里特别规定一条,如,"公司更换董事长,需要持有公司99%股权的股东同意。"当然,这条规定需要公司首次制定章程时由各位股东一致同意。如果想修改章程,也要持有三分之二表决权的股东通过。

如图 2-12 所示的股权架构,大哥直接持有公司 A30.6% 的股份,就没有达到第一个股权控制节点 34%。但是,依靠这种架构,大哥对 A 公司的控制权没有风险。因为大哥控制了 X 公司,X 公司控制了 A 公司,最终 A 公司还是在大哥掌控之中,二弟和三妹即使有不同意见,也无法跟别人联手。所以,设计这个股权架构的意义,就是家族内部的矛盾必须在家族内部解决,不允许家族内的人和外人联手。

这个股权架构好处多多,即使公司规模还不大,X 公司是一个空壳公司也不会造成什么影响。但是,当有一天要用到这个架构时,X 公司的作用就能体现出来,所以要提前规划好。如果公司规模确实足够大,X 公司就成了集团总部。

当然，对于多数公司来说，老板一般都不会做远期规划，不可能先将股权架构落实到纸上，然后成立公司，再去做业务。多数是先成立业务公司，如 A 公司、B 公司等，如果没有 X 公司，要想将目前的股权架构调整成为上面所讲的 X 公司控股架构，过程就比较复杂，要考虑现有公司的资产状况、累计未分配利润、股权状况等因素。既要考虑税收问题，也要考虑业务资质问题等，不建议企业自己做调整，应该聘请像长财咨询这样的专业机构来做方案。

老板四步：完善商业模式、制定战略与目标、确定发展路线图、完善业务流程

公司能够走多远，取决于企业的实际控制人能站多高、看多远。

企业运营需要设计，很多公司刚成立时，虽然没做过设计，依然走到了今天。但是，要想走得更远，就要做一个整体规划。本书并不是像很多企业家想象的那样讲财务，而是讲管理，因为财务本身就是管理。

小公司的管理以业务做主导，大公司的管理则以财务做主导。这里的"财务"，不是一般人想象中的做账缴税的问题。公司是个组织，如何评判组织运营的好坏，需要借助一些财务指标，比如，收入多少、利润多少、现金流如何等。所以，公司的规模越大，财务管控就越重要。当然，强调财务的重要，也不等于说财务是在公司扩张过程中的唯一因素。模式、产品、营销、管控四个要素是企业发展扩张的重要要素，不解决这几个问题，企业战略就会不清晰。

作为企业的实际控制人，在规划企业发展时，要通过以下四个步骤去进行。

第一步，商业模式的梳理完善。

在商业模式没有完全确定下来之前，企业扩张会受到影响。企业实际控制人的目标不太高，刚开始时，可能只做一个产品、一个业务，赚点儿钱。其实，赚钱方法有很多种，要想更稳健地赚钱、持续性地赚钱，就需要不断扩大规模。将企业发展壮大虽然不是唯一目标，却是一个非常重要的目标。

【第一步，商业模式的梳理完善】

有些行业、有些企业不适合做大，只能做"小金豆"，即内功非常强、规模不大、现金流好、利润不错。比如，小众领域的产品，整个市场份额不够高，全国的市场份额可能只有20亿元，就适合做"小金豆"企业，以此避免大众领域的激烈竞争。

有些企业选择的是小众领域，虽然规模不大，但做得精、做得好，在行业内也有名。比如，欧洲有很多百年企业，但规模都不大。尤其是意大利，小众领域就做得非常精，全球收入虽然只有几亿元、十几亿元，但利润很稳定，现金流也不错。因为这些领域，市场份额都不大，大资本一般都看不上。

对于很多企业来说，把规模做大依然是非常重要的选择，所以完善公司的商业模式非常重要。当然，多数公司谈不上什么商业模式，只不过是低买高卖。不过，确实有一些行业，需要重新完善和确认企业的商业模式。

第二步，制定公司战略，设定战略目标。

这是老板必须清晰的任务。一般来说，设定公司战略和财务没有直接的关系，只跟顶层架构设计、股权设计有关系。公司必须有清晰的战略，战略可以让员工有信心跟着公司走下去，因此企业必须制定清晰的战略。但是仅有战

【第二步，制定公司战略，设定战略目标】

略和商业模式，事情也无法完成。

第三步，确定公司的顶层设计和发展路线图。

要想实现商业模式和战略，首先就要做好顶层设计，包括股权设计、管理架构设计；其次，要画出公司未来发展扩张的路线图，知道怎么扩张、怎么做。不过，仅有框架，要想将事情做好，还有很长一段距离的路要走。

【第三步，确定公司的顶层设计和发展路线图】

第四步，完善业务流程。

企业通常都有自己的业务或产品，不过，产品和业务一定要能够满足市场需求，能给客户带来价值。然后，再完善业务流程，确认财税处理和管控路径。

【第四步，完善业务流程】

把现有的产业、产品和业务，重新梳理一遍，可能产生不一样的结果。例如，我有一个客户，主要做儿童培训。忽视了商业模式、公司战略、顶层设计和业务流程，只能开一两家店。但只要考虑清楚了上面这些因素，完全可以将同行和上下游吸引过来，做成一个很大的产业，这就是高度。

二、欲做财务投资管理，先有财务投资思路

企业家要两条腿走路：一条腿把自己的企业做好，一条腿做好财务投资，虽然企业刚起步，公司很缺钱。不过，这里说的财务投资，最重要的不是钱，而是先有思路。不做财务投资，怎么保证资产的保值增值？

事实证明,成功的企业都会做财务投资,所有上富人榜排名的巨富都会做财务投资。因为货币在不断贬值,只是程度大小不同而已,需要采取一定的方法,让手中的资产保值增值。当然,要想做到这一点,首先就要建立这种意识和思维模式、思维路径,要有财务投资的概念。做实业,需要踏踏实实。如果资本确实能够推动实业的发展,实业又能提高资本的收益,何乐而不为?

所谓财务投资,就是投资人不参与经营,目的只有一个,就是让钱赚钱。做财务投资,首先要确定投资主体。假设某公司准备上市,已经进入辅导期,你就可以入股,肯定赚钱。如果选择 X 公司做投资主体,就让 X 公司去做财务投资,法律上没有任何问题。投资 1000 万元购买股票,公司上市后,就可能价值 5000 万元。持有市值 5000 万元的股票,成本 1000 万元,就能赚 4000 万元,X 公司要缴 25% 的企业所得税,X 公司还要给自然人股东分红,再缴 20% 的个人所得税,一点都不划算,倒不如直接用自然人去投资这家即将上市的公司。

【财务投资不参与经营,只是让钱能挣到钱】

识别两种有价值的投资标的:利润价值和资本价值

进行财务投资,首先就要确定投资目标。

这里,涉及两种价值类型的投资目标:一种类型叫有利润价值的目标,一种类型叫有资本价值的目标。

什么是利润价值?就是公司根本就上不了市,也许理论上可能上市,但在可预见的未来根本就上不了市。只要价格合适,就能投这种公司。不能卖股票,投资怎么赚钱?靠公司赚的利润分红。但是,这种赚钱方式速度太慢，多数专业的投资者不会这样投资。如今，有很多公司，比如，做餐饮的，卖点麻辣烫，都很赚钱。不过，这种公司虽然有利润价值，却没有资本价值，现有的模式上不了市（如图2-13所示）。

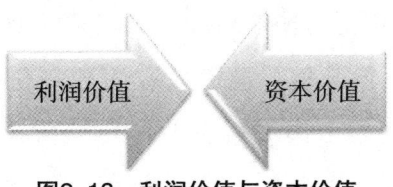

图2-13　利润价值与资本价值

如果想投资这类企业，就要着重看一下投资的回收期。所谓投资回收期，就是将钱投进去后，多少年可以回本。比如，投100万元，两到三年分红，就能分回100万元，两到三年就叫投资回收期。如果十年时间才能回本，风险就很大；如果项目的回收期只有两到三年，风险就相对低一点。当然，投资回收期是一个风险衡量指标，比较粗糙。

对于财务投资人来说，究竟是否要投资一家公司，还要看如何退出。即使项目不错，但上不了市，大股东不回购股份，没有多少分红，也不建议投资。除非提前与大股东约定好：投资两年之后净利润达到多少，公司上不了市，大股东必须回购投资人的股份……约定好回购价格，才可能吸引投资。

【财务投资的投资主体首选有限合伙企业】

还没进行财务投资，就先考虑如何退出，以公司作为投资主体，投资产生的投资收益就要缴企业所得税；分红给个人，也要缴个人所得税。用公司名义投与用个人名义投，税负差异比较大，所以，选择投资主体比较重要。从税的角度讲，以个人名义投资比较合适。但这里有一个问题，即在中国概念里，公司和组织的信用要比个人信用高，被投资公司一般都不喜欢以个人名义投资，往往认为个人没信用。

【财务投资首先考虑的是退出途径，而不是赚多少钱】

这时候，就要用到一种企业的法律形态，企业运作行为像企业/公司一样，缴税却是按照个人名义去缴，这就是有限合伙企业。

现在，中国资本市场上的多数投资机构，包括私募股权基金、风险投资基金等，基本上都是有限合伙企业。有限合伙企业是合伙企业的一种特殊模式，在合伙企业里，投资人有两种身份：一种叫作普通合伙人，英文名叫 GP，负责有限合伙企业的日常运营，承担无限责任；另一种叫作有限合伙人，英文名叫 LP，只负责出资，收取红利，不参与有限合伙企业的运营管理，承担有限责任。有限合伙企业也是一种组织，但不需要缴纳企业所得税，只需要合伙人缴纳个人所得税。可见，采用这种企业法律形态去做财务投资，就能同时满足运作和纳税规划的需要。

财务投资四原则：做好投资分析、回避高风险、回避不熟悉行业、现金流要健康

（一）了解投资常识

财务投资，不能乱投，不管一级市场投资，还是二级市场投资，首先都要具备基本的投资常识。

一级市场投资，就是购买没有上市的公司的股权，风险比较大。购买一家公司的股权后，如果该公司一直都不上市，股权就无法变现退出。

二级市场投资，就是在证券市场买卖股票，赚取差价。直接购买已经上市的、在证券市场有交易的上市公司的股票，流动性不错，基本上想买就能买，想卖时就能卖，退出风险几乎为零，但价格波动比较大。

有些人还将定向增发叫作一级半市场。已经上市的公司，为了发展壮大，增加资本金，吸收新的股东。参与定向增发，成为新股东的投资人，

就是在做一级半市场投资。这种投资具有一级市场的特征，但不能立刻变现，有锁定期，也有二级市场特征，即使过了锁定期，依然能完全流通。所以，这种投资基本上没有退出风险，只不过，收益率没有一级市场投资高，因为投资价格比一级市场高很多。

2021年11月15日，北京证券交易所揭牌暨开市仪式在北京隆重举办。北京证券交易所的开市，标志着目前"新三板"挂牌企业的上市通道完全打开，"专精特新"的中小企业可以通过北京证券交易所上市。符合上市条件的中小企业，都是很好的财务投资标的。

最近几年，中国的私募股权基金发展很快，全国做一级市场投资的机构有上万家，但是好的投资项目比较少，直接导致的结果就是一级市场的投资价格被追得很高，甚至比二级市场的价格还要高。所以，投资一级市场，不仅退出风险高，价格也不低，好机会不太多，要想做一级市场投资，需要慎重。

是否投资一家公司，不但要看这家公司是否足够好，也要考虑投资价格是否合适。好的公司，大家都想投，价格自然就会水涨船高。从投资角度来说，投资价格高，获利空间就会降低。从这个意义上来说，投资的过程就是对投资目标的价值和价格权衡的过程。

（二）财务投资的原则

做财务投资，无论是一级市场投资，还是二级市场投资，或者做战略转型，对新项目的投资，都要遵循四个原则（如图2-14所示）。

原则1：投资分析原则

要想做好投资，首先就要做投资分析，不能全凭想象。否则，如果你看好一个项目，能想到的全是这个项目的好，反过来也是一样。但是，任何事情都没有想象中的那么好，也不会有想象的那么差。一旦代入情绪，对项目的看法就容易失去客观性。

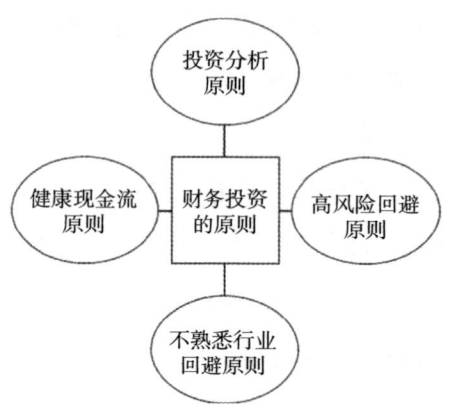

图2-14　财务投资的原则

做投资分析，首先要学会看商业计划书。要想吸引外部投资，就要制订一份商业计划书，把自己的模式、未来发展方向描述清楚。投资分析的过程，就是验证该商业计划书合理性的过程，要分析商业计划书中展望的未来，是否建立在可以验证的基础上，推导过程是否符合逻辑。

原则2：高风险回避原则

有些行业未来可能很美好，但风险非常高，不能只看到行业的美好未来，或只看到行业的美好，看到别人赚钱了，就头脑发热，直接投钱。有个人做服装业务，积攒了很多钱。之后，他联合几个人，一起投资7000万元，涉足了一个与服装完全不相关的行业——游戏软件。结果，钱全部投进去了，游戏还没上线，收入为零，距离盈利更是遥遥无期。为了继续事业，他们只能找股东，要求追加投资，追5000万元。可是，即便如此，他们依然不确定大家能否完成项目实现盈利。

投资分析需要理性，不能盲目跟风，特别是不能跟风投的风。风投就是风险投资，也可以叫作"疯投"，就是说像疯子一样的投资。首先，风投用的不是自己的钱，它是一个金融中介，使用的是投资人的钱；其次，风投是有任务的，募集到钱后，他们必须在规定的时间内找到项目，把钱投出去；最后，风投集中了很多投资人的钱，可以投很多项目，可以做风险对冲，只要有一个项目成功，就能冲抵九个项目失败的损失，然后还有盈利。所以，风投与企业家拿自己的钱去做财务投资完全不一样。

原则3：不熟悉的行业回避

一个客户上完课后，给我算了一笔账，一次课多少人、一个人多少钱、会务成本多少等。算到最后，他觉得做培训很赚钱，就投了300万元开始做培训，然后到处从培训行业挖人，支付了更高的薪水。结果，没用几个月，投资本金就烧光了，只能关门大吉。

每个行业都有自己的特点，不经过深入研究，外行人很难了解其中的关键。因此，什么行业是最好的投资对象？就是自己最熟悉的行业。把自己熟悉的行业做到极致，就是好投资。要想投别的行业，先要熟悉这个行业，并对该行业深入研究，弄懂这个行业。

原则4：健康现金流原则

企业家做财务投资、新项目投资时，不能抽调主业公司的流动资金。公司做新的投资，不要抽调原有公司的流动资金，更不能把原有公司作为融资平台，加杠杆，去银行借款……切记，做财务投资是锦上添花的事情，要用余钱去做资产配置，不能当赌徒，否则，一旦赌输了，就会满盘皆输，将老公司拖死，甚至还可能将家庭资产都搭进去。

三、公司内部投资是企业最重要的投资

对于多数企业来说,做得最多的投资,就是对现有公司的内部投资,比如,公司购买厂房、设备、材料等就是内部投资。经营公司,实际上就是做投融资。购买的材料、设备和厂房等投资组合不一样,企业未来收益就不一样,所以对于多数企业来说,最重要的投资是公司内部投资。公司做内部投资,有一个重要的报表,就是资产负债表。资产负债表是公司内部的投融资报表,非常重要。

资产负债表解读:资产=负债+权益

老板完全授权给别人,当甩手掌柜,是不行的。至少要会看报表,对公司做好监控。仅凭信任,完全把公司交出去,那是玩人性,迟早要出问题。

(一)什么叫看得懂报表

有两个标准:第一,喜欢看。看着报表,头都大了,根本看不进去,自然就无法看懂;第二,看完之后,要知道公司运营是好是坏,该批评人,还是该表扬人。只要能做到这两点,就能将报表看明白。

有些公司的财务报表编得太复杂,不仅老板看不懂,财务人员也看不懂，比如，报表上有个项目"交易性金融资产"，余额为 0。从公司成立到现在，根本就没在这个项目中填过数字，不知道是什么意思，但一直在报表上挂着。

有些公司给税务局报什么报表，就给老板看什么报表。目的不一样、对象不一样，却提供一样的报表，老板能看懂？给税务局出的报表，要遵循国家的规定；给老板看的报表，要老板说了算；给管理层出的报表，应该是报表的用户说了算，是老板说了算，管理层说了算。俗话说"做事不由东，累死也无功"。财务人员必须走出自己的世界，走进公司管理团队的世界，走进老板的世界，一直在自己的世界里转悠，出的报表老板就不愿意看。

【根据受众呈现财务报表】

财务报表要简单、美观。第一要简单，要做到报表形式简单。一般的报表里至少有"销售费用""管理费用""财务费用"等项目，实际上用"期间费用"即可。如果第一行收入、第二行成本、第三行利润，完全可以满足老板的需要，让老板得到自己想要的信息，就不要第四行。也就是说，能用一行绝不用两行，能用一个字的绝不用两个字，不要说废话；数字是 0 的，通通删掉，将资产负债表从长长的一张变成一小块，能够把资产负债表、利润表、现金流量表三张表放在一张纸上更好。

用最简单的方式达到目的，水平定然很高。并不是说哪张报表非要打满一页纸，甚至还要打印成两页纸。老板看报表，首先要保护它的整体性，不能让老板只关注某个数字，要把报表的金额单位改成万元。公司规模不大，资产负债表和利润表却要精确到几毛几分，老板看到数字，还要一一数位数，不仅浪费时间，还会影响整体感。如果公司规模比较大，将金额单位改成万元，依

报表呈现要素：内容完整前提下的简单+美观

然有很多0，比较复杂，就把金额单位改成亿元，让老板看两三个数字即可。要记住，财务做到最高境界叫平衡，连财务总监这个身份都得平衡，即原则性和灵活性平衡，更别说财务做账。

老板之所以看报表，通常都是想通过报表或数字看到企业的业务。财务人员做账，一分都不能差，必须精确到分，而给管理者看报表，没必要一分都不差。老板喜欢什么样，就将报表做成什么样；老板喜欢怎么称呼，就怎么称呼。如果老板不知道什么叫"存货"，就把"存货"改成"库存"。报表的格式必须满足管理者的需求，而不是专业人士的欲望。

报表要精确到角分吗？

【知识链接】从业务角度看资产负债表

"货币资金"，这个词看起来很专业，其实就是钱。不要写"货币资金"，要直接写"保险柜里的钱""银行里存的钱"。

"应收账款"，就是别人欠我的钱。最后一个字落实到"客户欠的钱"。

"存货"，就是"库存占的钱"。不要将存货当存货。所谓存货是打了捆的钞票扔在库房里。

"固定资产"，写"设备占的钱""厂房占的钱"。

"短期借款"，写成"欠银行的钱"。

"应付账款""应付票据"，写成"欠供应商的钱"。

"应付职工薪酬"，写成"欠员工的钱"。

"应缴税费"，就是"缴税务局的钱"。

"实收资本""资本公积"，就是"股东投的钱"。

"未分配利润"，股东的钱分两部分：一部分是股东投的，一部分是股东赚的。股东投了100万元，赚了200万元，股东还没有拿走，放在企业里，就是"未分配利润"。

资产负债表就是钱，左边都是花钱的地方，右边全是来钱的地方，欠也是来钱的渠道。其实，资产负债表很简单。左边告诉我们公司把钱都花在哪儿了，右边告诉我们钱从哪儿来的（如表2-2所示）。

表2-2　改版资产负债表

左边（花钱）	金额	右边（来钱）	金额
保险柜里的钱		欠银行的钱	
银行里存的钱		欠供应商的钱	
客户欠的钱		欠员工的钱	
库存占的钱		欠税务局的钱	
×××欠的钱		欠×××的钱	
设备占的钱		……	
厂房占的钱		股东投的钱	
……		股东赚的钱	
合计		合计	

只要改变格式，效果立刻就不一样了，至少给出这张报表时，管理者是喜欢看的。这儿花多少钱，这儿欠多少钱，这笔这么多……看到这些，老板也就有了看的欲望。这就是资产负债表的本质。

1.资产负债表是一个结果报表，是某一个时点的结果报表、时点表。就某一个时点，如"截止到2021年7月31日""截止到2022年8月31日"……一定有截止到哪一天，相当于照片一样。因为企业经营状况每时每刻都在发生变化，资产负债表就是给企业拍照，把某个时点的状态定格下来。

【第一，资产负债表是一个结果报表】

2.资产负债表在某种程度上代表着公司的实力。资产负债表的金额大，表

【第二，资产负债表是实力的反映】

明公司掌握的资产很多，实力就比较强。

3.资产负债表源于一个伟大的公式，该公式让每一家公司的实力情况有了标准的表达（如图2-15所示）。

【第三，资产＝负债＋权益】

图2-15　资产=负债+权益

资产，是代表公司控制的、可用货币计量的资源，但并不是公司的全部资源，只是可以用钱计量的那部分资源。

【思考】团队、品牌、资质与公司资产负债表反映

公司团队是人力资源，也是公司的一种资源，但资产负债表上没法反映，因为大家根本就不知道这个团队究竟值多少钱。只有用真金白银买来的资源，报表才算数；没花钱的资源，值钱也不算。

公司的品牌也是资源，但我们无法确定"品牌值多少钱"。品牌依附于公司或产品，单独拿出来，品牌根本就不好用。

资产是公司控制的资源，但是这个品牌的价值，在资产负债表上根本没法体现出来，因为它不是花钱买的。但是在卖公司时，依然要考虑这个资源的价值，但是报表上不算（如图2-16所示）。

资产负债表的左边是企业控制的资源，有钱、有货、有厂房和设备；右边是欠条、老板自己的钱。老板自己的钱、企业借来的钱，都是企业控制的钱。当然，借的钱越多，企业控制的钱就越多；企业控制的资源越多，干的事就越大。但是，如果借的钱太多，银行不借钱了，结果就惨了。

资产负债表代表了公司的实力。公司有公司的资产负债表，家庭有家庭的资产负债表，国家也有国家的资产负债表。

负债就是公司欠别人的钱，权益就是股东投的钱和赚的钱。

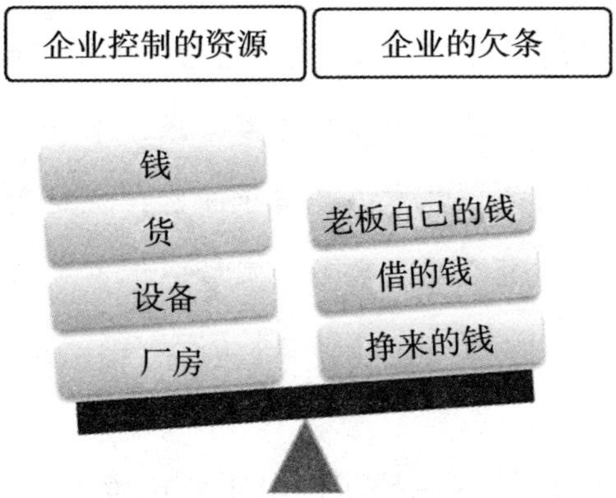

```
        企业控制的资源      企业的欠条
            钱
            货         老板自己的钱
           设备         借的钱
           厂房         挣来的钱
```

图2-16 企业控制的资源与企业的欠条

【案例1】

假设这里有两个家庭，分别是一号家庭、二号家庭。

一号家庭控制的资源是5000万元，二号家庭控制的资源是200万元。哪个家庭有实力？肯定是一号家庭。因为它掌握的资源多，不止有一套房，开的车也不错。而二号家庭只有200万元，如果在北上广深等一线城市，最多只够买一个厕所。所谓有实力，就是有人愿意借钱给他。一号家庭掌握的资源多，不怕还不起钱，即使没钱还，随便开走一辆车就够了。而二号家庭，没有那么多资源，如果还不起，只有一套住房，都不能强制执行。

再往下看。

一号家庭的5000万元来自哪里？借了4900万元，自己的只有100万元。二号家庭的200万元是从哪儿来的？都是自己的。这种情况下，哪个家庭更有实力？可能会出现不同的答案：有人认为一号家庭有实力，有人

认为二号家庭有实力。一号家庭虽然有5000万元，但借了4900万元，自己只有100万元，而二号家庭自己有200万元。貌似二号家庭更有实力？不一定。一号家庭还款能力比二号家庭强，未来可能比较好，比如，一号家庭可能有三套房子，其中一套房子涨价，就能变现；可能有股票，股票也会涨。虽然说，有资源未来不一定好，但不考虑人的因素，没有资源未来一定不好。

公司掌握的资源越多，说明公司越有实力，但不绝对，在某种程度上，还要看资源质量的好与坏。比如，这5000万元资源是什么？如果是无形资产价值5000万元，就是资源质量太差，只有技术，没有其他，没法赚钱。

古话"瘦死的骆驼比马大"说的就是这个道理。要看公司实力，不要看公司的净资产。资产总额多，表明掌握的资源多，控制的资源越多，话语权就越大。比如，公司甲资产总额50万元，没有负债，权益为50万元；公司乙资产总额320亿元，负债350亿元，权益是负的30亿元。这两家公司，哪家公司有实力？别看公司乙的权益是负的，资不抵债，也是公司乙比公司甲实力强，因为公司乙掌握着320亿元的资源，账上的钱可能有10亿元，即现金有10亿元，而公司甲只有50万元。公司乙有320亿元资源，第二年就可能赚10亿元。公司甲只有50万元的资源，第二年多数都无法赚10亿元。

甲、乙两家公司，偿债能力也不同。如果是公司乙，欠100万元、200万元，都不算事，随便拿点东西，就能还债。如果公司甲欠债100万元，可能砸锅卖铁都还不起。

两家公司招聘总经理，给多少年薪？公司甲规模太小了，多数都不用聘请总经理，只能股东自己当总经理。公司乙聘请总经理，都不叫总经理，叫总裁，年薪最少500万元起步。能够撬动320亿元资源的人，别说结果好坏，只要能撬动，身价就能值500万元。

（二）资产负债表的分类

资产负债表是把资产分成类，比如，资产5000万元，资产分别是什么？资产负债表会显示，股票多少钱、房子多少钱、现金有多少钱。欠款4900万元，都欠谁的？股东权益100万元，是股东投入的，还是股东赚的？历史上怎么形成的？是赚的结果，还是投的结果？

【资产按流动性分类，分为流动资产和长期资产】

资产按流动性分类，分为流动资产和长期资产。

1. 流动资产。就是企业希望一年内变现的资产；长期资产就是一年以上变现的资产。当然，希望一年内变现不等于一年内真的能变现，企业希望存货卖得越快越好，但卖不掉也没办法。在流动资产中，流动性最好的是什么？首先是货币资金、应收票据、应收账款；其次是短期投资。公司缺少短期投资，给老板看的报表上，就不要列这个项目。应收票据、应收账款，都是客户欠的钱；预付账款，是供应商欠的钱，是提前给供应商的钱。存货，就是库存。所以，流动资产是按照性质分类在资产负债表上列示的。

2. 长期资产。主要包括长期投资、固定资产和无形资产。企业投资一个子公司，叫长期投资。当然，还有其他长期资产，比如，装修房子，贴在墙上的钱，也值钱，但流动性很差，所以就要放在资产类别的后面。把钱贴在墙上，流动性很差的，叫长期待摊费用。

（三）资产负债

负债，按照偿还期限和债权人不同，分为流动负债和长期负债。

【负债按照偿还期限和债权人不同，分为流动负债和长期负债】

1. 流动负债，是一年内需要还的。如果想在一年内还，就算流动负债。按债权人，可以将流动负债分为：短期借款，是欠银行的；应付票据、应付账款，是欠供应商的；其他应付款，欠谁的看具体情况，一般其他应付款的金额都很小。当然，还包括应付职工薪酬，欠员工的；应缴税费，是欠税务局的。还有预收账款，这是提前收客户的钱。

2. 长期负债，是一年以上才需要还的。从银行借的五年期贷款，就是长期借款。还有其他的长期负债，企业一般都不经常用。

权益分为两类：一类是股东投的钱；一类是股东赚的钱。

【权益分为两类：股东投的钱和股东赚的钱】

1. 股东投的钱主要分成两类：第一类叫实收资本。实收资本不能拿走，拿走了，就叫抽逃资本。第二类叫资本公积。实收资本和资本公积有什么区别？实收资本，属于股东投的钱，在营业执照上有体现，就是注册资金；股东投的钱，在营业执照上没体现，叫资本公积。相同点是，二者都不能拿走，比如，创建公司需要5000万元，老板担心，营业执照写5000万元树大招风，想少说点儿，说成500万元。这时候，如果想体现500万元，实际却投入5000万元，营业执照可以只体现500万元，将剩下的4500万元放在资本公积即可，不显示在营业执照上。

也就是说，国家允许公司把自己的实力说得小一些，但不允许公司夸大自己的实力。公司注册资金只有500万元，其实投了5000万元，没问题，因为债权人风险小。现在国家新的《公司法》规定，注册新的公司已经改成认缴制，注册资金可以大一点，然后慢慢缴。

股东投的钱，在资产负债表上叫实收资本、资本公积。一般情况下，资本公积没有数字，投多少营业执照就显示多少，投得多，显示得少，会带来后面的麻烦。

2. 股东赚的钱也分为两类：一类叫盈余公积，一类叫未分配利润。

什么叫盈余公积？比如，公司甲今年赚了1000万元，股东可以拿走，可以分红，但是不是全部，至少要给公司留下10%，以便公司扩大再生产、增加就业。所以按利润算，10%是公司的，不能分配给股东。当金额很大时，当累积金额达到公司注册资金50%时，就不能留了，就能把利润全部分红。

什么叫未分配利润？所谓未分配利润，就是可以分配而没有分配的利润。比如，公司甲今年赚了1000万元，提了100万元的盈余公积，剩下了900万元。但这900万元既可以分，也可以不分。可见，可以分配而没有分配的利润，就是未分配利润。另外，公司一季度盈利、二季度盈利，却不能分这两个季度的利润，因为还不到时候，必须到了年底，过了全年按年算账。不能看到前两个季度盈利了就分，后面亏损了，就会形成超额分红，国家不允许超额分红。公司必须到年底算总账，算完总账之后，股东再分红。

有些老板问，未分配利润，有累积利润，能分吗？我们为什么没有钱？显然，他们根本就不懂财务。资产等于负债加权益，分为货币资金、应收账款、存货、固定资产等几项。负债也分为几类，欠银行、供应商、员工、税务局。权益又分了四类，即实收资本、资本公积、盈余公积、未分配利润。

资产等于负债加上权益，但是不是说未分配利润就等于现金。有未分配利润，公司不一定有钱分。那么，公司赚了钱，去哪了？可能变成存货，可能变成应收账款，可能变成了固定资产。因此，累积利润一定有资产对应，但对应它的不一定是现金，可能是应收账款、存货或固定资产。

如果有累积利润，没钱分，但股东还想分，完全可以分。只要有利润就能分，但分的不一定是现金，可以分别的东西，比如，应收账款，给股东分

有未分配利润就有钱分吗？

100万元应收账款。什么意思？客户欠公司的100万元应收账款，公司不要了，变成股东个人去要。分的不是现金，也要缴税，分了之后就得缴，股东没拿回钱，也得缴。那股东能用应收账款缴吗？不可以，国家征税明确规定必须用现金。股东拿到的100万元应收账款，必须从兜里先掏20万元现金缴税。

资产负债表的本质，其实由两项构成。

左边叫投资。买存货叫投资，买固定资产也叫投资，客户的应收账款是对客户的投资，应收账款没有利息，是没有直接收益的投资，只有间接收益。公司给客户的无息贷款，没抵押物，没利息，风险非常大。

右边叫融资。也叫资金来源（如图2-17所示）。

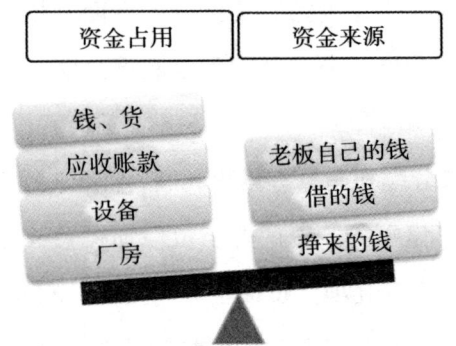

图2-17　资金占用与资金来源

公司经营得好与坏，与两个要素有关：一个叫资源，一个叫能力，就是资源 × 能力 = 结果。

公司很有能力却没资源，就无法发展壮大。公司资源好，但能力不佳，资源用不好，也不能取得好结果。资源和能力决定了公司的经营结果，所以资产负债表左边的资产就是资源，品牌、渠道、产品都是资源，公司最重要的两项资源，一个是人，一个是钱。公司效率高与低，取决于这两个资源的效率高低。所有的资源都得用在刀刃上，都得有利于提高资源的效率、人的效率、钱的效率。如果左边资金占用效率太低，都是应收账款，就是低效占用公司的资金。

经营企业，分解到细胞层面，就是企业的一个周期。通过业务流的运转，实现现金的增值。做业务，关键步骤有这样几个：第一个关键节点叫买材料；第二个关键节点，把材料买过来，把它变成产品；第三个关键节点叫什么？销售。当然，做完产品销售后，还有一个关键动作叫收款（如图 2-18 所示）。

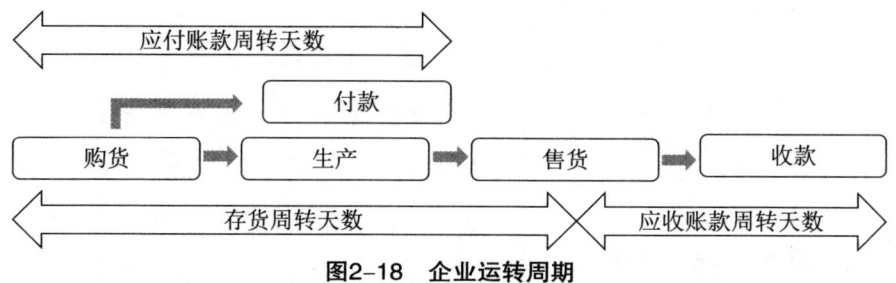

图2-18　企业运转周期

从买材料到做成产品卖出去，到把钱收回来，叫公司营运周期的长与短，周期越长，公司效率越低。公司之所以要缩短这个周期，是因为在这个周期中，公司需要垫资。买材料，不一定要花钱，紧随其后的关键动作叫付款。买材料的过程如下：买材料要垫资，直到把销售货款收回来。这段时间的长短就是公司营运资金的周期，营运资金叫 Working Capital，简称 WC。营运资金的周期体现了公司资金的使用效率，周期越长，效率就越低。存货的天数越多，应收账款的天数越多，周期就越长；应收账款欠的越多，账期越长，营运资金的周期就越长。

应收账款的账期越长，公司需要垫资的时间就越长，需要的流动资金金额就越大，公司的投资回报率就越低。资产负债表左边叫投资，也叫资金占用，老板一定要将钱用在刀刃上，不能乱用。资产负债表右边叫融资，资金来源，右边显示公司的钱是从哪儿来。比如，银行来的、供应商来的、员工来的、税务局来的，还有股东投的、股东赚的。

资产负债表是个结果报表,是某一点的结果,做了一年的结果就是它,是结果报表不是过程。所以左边显示钱花哪儿了,右边显示公司的钱是从哪里来的。明白这个道理后,就不用管资产负债权益这些概念了。

【知识链接】如何看资产负债表

看资产负债表只需要分四步:

第一步看左边,看钱花在哪儿了。

> 【资产负债表四步看】
> 1. 看左边,钱花哪儿了
> 2. 花得是否合理
> 3. 钱从哪儿来的
> 4. 钱的渠道是否匹配

第二步看钱花的地方是不是合理,不能花了就完了,该不该花才是关键。花的地方不合理,会降低公司的资金效率,所以要看钱花的地方是不是合理的。

第三步看右边,看钱是从哪儿来的,渠道不同,差别就很明显。有一部分钱是需要还的,如欠银行的钱、欠供应商的钱、欠员工的钱、欠税务局的钱;有部分钱是不需要还,比如,欠股东的钱。

第四步看钱来的渠道是否匹配。来的渠道是否匹配,就是指需要还的钱和不需要还的钱这两部分钱的比例是多少,需要还的是多少,不需要还的是多少。需要还的和不需要还的各占比例是多少,这个比例用专业的说法叫资本结构。什么样的结构合理?什么样的结构不合理?这和行业有关系。

【思考】做企业一定需要流动资金吗?

做企业一定需要流动资金吗?不一定。比如,京东自营,自营的存货周转天数是零。因为京东自营的存货不是京东生产的,是厂家铺的货。京东自营的应收账款天数是多少?账期是多少?0!因为消费者在京东自营买东西,没有赊账的,得先交钱才能提货;京东自营的应付账款天数是多少？是90天，每批货到京东自营去卖，京东自营卖完之后等90天才给供应商付款。

京东自营的存货周转天数是0，应收账款天数是0，欠供应商90天，京东自营的营运资金周期是多少？负90天。意思就是，京东自营不是垫资90天，是占用别人的资金90天。所以，京东自营不需要流动资金，公司的运营会产生很多钱。90天是三个月，如果第一个月销售额100亿元，不用还供应商的钱；第二个月又卖100亿元，第三个月还是卖100亿元，三个月就攒了300亿元，第四个月又卖100亿元，还供应商100亿元，第五个月又卖100亿元，还100亿元，就有300亿元永远在京东自营的手里。有300亿元在手里，卖电器不赚钱也不怕，直接存银行，还能得到5%的利息，一年什么也不用干，就能赚15亿元。卖产品没赚钱，但用钱赚钱了。

很多公司经常会出现不需要还的钱不能覆盖固定资产投入的钱的情况，只有占用流动资金，才能完成固定资产投资。如果是重资产公司，不需要还的钱最好能把固定资产投资覆盖，才会相对安全。普通公司合理的资本结构是1∶1，就是自己1元钱，借1元钱，杠杆不能定得太高。所以，负债1元，权益1元，一共2元，财务杠杆就是2。如果负债是借了2元，一共3元，公司的财务杠杆就是3；如果负债是借了3元，一共撬动4元，公司的财务杠杆就是4；如果借了9元，一共是10元，公司的杠杆就是10。什么叫杠杆是10，就是十个锅一个盖；什么叫作杠杆是2，两个锅一个盖。所以，第三步看右边，钱是哪里来的；第四步，渠道是否匹配，也就是看公司的杠杆高不高。如果觉得杠杆太高，就想办法"去杠杆"。杠杆高，虽然公司撬动的资源多，但风险太大。

（四）中国企业常见的花钱不合理的地方

中国企业常见的花钱不合理的地方主要有以下几方面。

【企业常见的不合理花钱】
1. 应收账款
2. 存货
3. 固定资产

1. 应收账款。很多老板说"我们行业不轧账，根本就没法玩"，结果越轧越多，公司很可能就会被应收账款给轧死。为什么？老板害怕客户不签单，不进行应收账款管理，合同里都不敢写客户什么时候给钱。很多老板认为，做生意主要靠关系。不可否认，关系确实是一种很重要的资源，但当公司发展到一定程度时，仅考虑关系完全不行。

【案例2】

有一个江苏徐州的客户，觉得做企业没意思。因为自己辛苦忙了一年，确实赚了一点账面利润，但企业永远都没钱，老板都不想继续了。他问我，上完你的课，我们的应收账款是不是就能收回来了？我说，不是听我的课就能收回来，问题在于为什么公司会形成那么多坏账，老板说，他们行业都欠账。

2. 存货。应收账款涉及一些外部因素，比如，市场因素和客户因素，如果公司存货花钱太多，跟任何人都没关系，只跟自己的管理团队有关。将存货扔在库房里，没有收益，还得租库房进行管理。对于生产企业来说，只要一看存货，就能知道管理水平的高低。如果管理团队水平较差，配合不默契，各扫门前雪，存货金额就比较大，没人愿意担责任。

汽车4S店，要重视存货。尤其是国产车，一辆车的利润还不到1000元钱，只要这批车剩下两辆卖不出去，情况就会很糟糕。有些公司说"我们经营情况还不错,利润还行",其实这种公司看似有钱,存货账面显示值3000万元,实际上连2000万元都不值,那叫"潜亏"。

服装企业,搞不明白存货,肯定不赚钱。与其这样,倒不如不做成产品,面料还值点钱,成衣不仅不值钱,还要支付人工费。

【案例3】

一个在北京做服装生意的客户,跟我说:"我们那儿有一款服装,七年都没卖完。"七年都没卖完,还卖什么?服装是按月算,三个月卖不掉,全部都清仓!

3. 固定资产。如果说应收账款、存货的管理是管理团队的问题,那么公司随意将钱花在固定资产上,就不一定是管理团队的问题了,而是老板的问题。因为公司购买固定资产的权力在董事会,总经理没有这个权力。很多公司固定资产的投资明显不合理,我做过统计,多数倒闭的公司都有豪华办公楼和豪车。很多老板没把生活和生意分开,他们的办公室,豪华程度绝对超过世界500强CEO的办公室。生活里老板可以喜欢金碧辉煌,但生意不能这样做,把自己对生活的态度拿到生意上,把对生意的态度拿到生活上,就会一团乱麻,最终将不该花的钱也花了。

做企业要有超前思维,但这种超前并不是指公司的固定资产投资。有些老板说:"我们公司搬家了,难道不能一步到位?"什么叫"一步到位"?经营公司,能一步到位吗?固定资产投资虽然要超前,但不能过度超前,不能把钱花在不能产生价值的地方。喜欢买房子买地,可以理解,因为中国地价一直都在涨,但工业用地却不一定,还可能跌。

买块地,其实包含着一种投机心理,妄想这块地在未来的某一天能升值,但现实是这块地不一定能升值,必须将钱花在经营上面,扩大经营规

模。举个例子，同样的一笔钱5000万元，公司甲买了一块地，结果收入根本达不到1亿元。花这笔钱租间厂房，一年就可能收入5亿元。显然，公司甲的资金使用率太低，把钱花在了不合理的地方。

【案例4】

一个浙江客户，过去上过我的老板财务通，后来就很少联系了。突然有一天，我接到了他的电话："刘老师，请到我们公司来一趟，咱们聊一聊，你也参观一下我们公司。"

结果，我一进他们公司大门，就吓了一跳。这个大门修得太好了，乍一看，我都觉得收入没有10亿元，根本就对不起这个大门。我快步往里走，见到老板后迫不及待地问："你们公司做多大规模啊？"

老板说："3000万元。"

我不敢相信自己的耳朵，觉得他理解错了，于是强调说："不，我说的不是利润，是收入。"

老板更正说："刘老师，就是收入。"

我一听，心里对自己说："他们肯定买不起啰。"

果不其然，老板告诉我："我们现在连买材料的钱都没有了，厂房都抵押出去了。我们想开工，听说你们可以帮助融资，还投资，能不能给我们投点钱占点股份？"

我说："对不起，我们不投！不用分析，也不用调查，我现在就告诉你，我不投。"

为什么我不投？因为企业将固定资产花在了不合理的地方，我不敢投。

这时候，企业家应该处理好几个关系，做好三件事。

1.经营好自我。要想办法影响更多的人，要给更多的人带来正能量，要成就更多的人。为什么要经营公司？"责任！"企业开始面临关门，从传统思维去考虑，最好的选择就是直接关掉。

2.经营好家庭。要想办法将孩子教育好，把婚姻经营好。自己的成长速度一定要超过父母老去的速度，让父母老有所养；要努力成为孩子的榜样；要成为配偶一生无悔的选择。

3.经营好事业。要努力提升自己的格局，提升自己的责任感。

只要将这三件事做好，处理好了这三种关系，企业家就不会感到迷茫，更不会失去生活的动力。

企业老板最重要的不是有知识，而是有胆识，其次是有见识，最后才是有知识。当然，知识体系不健全、见识不够，也不会有胆识。健全了知识体系，才能增强见识和胆识。

公司杠杆太高，就要鼓励大家"弟兄们，我们下一年度必须想办法去杠杆"；如果存货太多，老板也要告诉大家，让大家明确公司的方向："弟兄们，我们下个月最重要的工作是去库存。"看到应收账款比较大，下意识地喊出："弟兄们，我们下个月重要的工作是什么？回款。"团队不知道方向，老板只要喊出一句话就足够。

所以，该去库存去库存，该去杠杆去杠杆，该降成本降成本，该补短板补短板，这叫"三去一降一补"。

内部投资评价的两个指标：投资回报率、经济增加值

如何评价一个投资的好坏？这里就涉及指标了。

投资评价指标一共有两个：一个叫投资回报率，一个叫经济增加值。投资回报率和买股票一样，股票软件里，会显示投资回报率是多少，做公

司投资，也要算投资回报率。

现实中，一共有两种老板：一种老板叫企业家，他们把企业当孩子养，从不考虑投资回报。一种老板叫资本家，把企业当猪养，合适就买，合适就卖，卖掉企业很正常。

【投资评价指标有两个，第一个指标叫投资回报率；第二个指标叫经济增加值】

经营企业，一共有两条路：第一条是自己成为豪门，挤入行业的第一梯队；第二条路是嫁入豪门，让第一梯队的企业收购。不上不下，没有规模优势，公司发展就会举步维艰。错过了最好的发展时机，在行业里达不到第一梯队，最好的出路就是把公司卖掉。

如何确定企业是继续做还是卖掉？主要看投资回报率。办企业、开公司也是一种投资，必须清楚地知道投资回报率是多少。企业投资回报率太低，也不知道未来投资回报率能不能变高，也就没有存在的必要了。投资回报率低，还不如把钱存到银行赚利息，或者买一些银行理财产品。

投资回报率的计算公式为：

$$投资回报率 = \frac{利润}{权益} \times 100\%$$

权益就是投资的钱，包括赚到的、留存在公司没有分给股东的钱。公式里的权益不等于最初的投资，因为权益是处于不停变化当中的。例如，投资1000万元，今年利润是200万元，投资回报率就是20%。如果明年的利润是300万元，投资回报率是多少？不是30%，应该用300万元除以1200万元，是25%，因为今年赚到的200万元，没被股东拿走，相当于股东又追加了投资200万元。所以，实际投入的资金是不停变化的，不能用最初的投资金额来计算投资回报率，应该用权益来计算。

投资回报率这个指标，有一定的局限性，只适用于同行业的公司来比较，不适合用来比较两家不同行业的公司。

每家公司，都要知道自己的投资回报率，让财务人员将其汇报给股东。投资回报率还是董事长评价总经理最重要的指标，如果想判断总经理的水平、经营管理团队的效果，就可以用投资回报率来评价。投资回报率的内涵意义，就是董事长给总经理多少钱，总经理给董事长赚多少钱。当然，这不是唯一指标，只是其中一个重要的指标。

为了克服用投资回报率评价投资存在的局限性，就要引入第二个指标，即经济增加值（EVA）。这个指标是目前全世界评价投资最前沿的指标，是最牛的指标，也是最先进的指标。该指标没有局限性，适用于所有公司的评价，用来评价公司管理团队的水平。

对于经济增加值（EVA）这个指标，老板不用学习如何计算，只要到专业机构去做数字即可。很多企业没有花钱买数据的习惯，甚至没有花钱买知识产品的习惯，喜欢使用盗版软件、听盗版的课程，不习惯聘请外部专家解决企业管理问题，只喜欢看得见、摸得着的东西，比如，买房子，钢筋水泥。所以，我们对经济增加值这个指标进行了简化，简化后的经济增加值计算公式为：

简化经济增加值（SEVA）= 投资回报率 – 行业平均投资回报率

就某家公司而言，如果投资回报率超过行业平均投资回报率，管理团队水平就高于平均水平。如果这个行业整体上是亏损的，只要公司亏损比行业平均水平少一点，管理团队也不错。

【案例5】

一家集团公司下面有房地产公司、有传统制造业公司、有酒店。房地

产公司的投资回报率是25%，传统制造业公司的投资回报率是20%，酒店的投资回报率是15%。如果用投资回报率来衡量这三家公司的管理团队业绩，房地产公司赚得最多。但是，这并不代表房地产公司的总经理及其团队水平更高，应该拿更多的奖金。因为，房地产公司赚的钱多，是以公司承担更高的风险为代价的，并不代表经营管理水平更高。

用简化经济增加值这个指标计算，得到房地产行业的平均投资回报率为30%，制造业平均投资回报率为20%，酒店行业平均投资回报率为12%；房地产公司的简化经济增加值，为-5%，制造公司的简化经济增加值为0，酒店的简化经济增加值为3%。可见，房地产公司连行业平均水平都达不到，制造业公司与行业平均水平刚好持平，而酒店的投资回报率高于行业平均水平。所以，酒店公司的经营管理团队做得最好；房地产公司的投资回报率25%，在三家公司中是最高的，其实表现最差。

经济增加值（EVA）是现在最前沿的用来评价投资的指标。国资委评价央企就用这个指标，用投资回报率评价，导致出现了很多问题，后来改用经济增加值这个指标，结果很多央企开始退出房地产。为什么？因为原来用投资回报率来评价，只要投资回报率高，排名就在前面，所以很多央企都在涉足风险行业。后来用经济增加值来评价，需要将主业做好，虽然搞房地产的央企赚的钱更多，但不等于做得好。

【投资回报率指标的局限：未能考虑投资风险】

四、对公司进行估值，是投融资、交易的前提

公司估值的两种情况：出让股份、把公司彻底卖掉

公司估值一共有两种情况。

情况1：公司要出让股份，吸收新股东。公司现在缺钱，需要融资。投资人投资，就容易出现两个问题：给多少钱？占多少股份？公司原来投资1000万元，老股东现在是100%的股份。投资人追加1000万元，并不是要给投资人50%的股权，需要对现在的公司做一个价格估计。给投资人10%的股权，说明对现在公司的估值是1亿元；只给投资人5%的股权，说明对现在公司的估值是2亿元。

情况2：公司转让，把公司彻底卖掉，不想做了。现在买卖公司的很多，我在工作中就遇到很多这样的客户。有些人是第一代创业者，都六七十岁了，还在经营公司，需要让第二代接班。可是，虽然第一代创业者将自己一生的精力都花在了公司上，第二代却看不上。再加上有些第二代从小在国外受教育，有独立的思考能力，不想接班。第一代创业者不能把公司关掉，只能卖掉，这叫公司转让。如果公司属于热门行业，就好卖一些，估值也会偏高；但是传统行业要卖，估值就偏低。对于有些公司来说，被卖掉也是一个不错的选择。

公司奶牛论：一家公司值多少钱

（一）公司奶牛论

什么因素能影响公司的估值？有一个类比理论，叫公司奶牛论。其实一家公司值多少钱，就跟一头奶牛值多少钱一样。奶牛好估值，还是肉牛好估值？当然肉牛好估值。为肉牛估值很简单：准备一杆秤，往上一称，就能直接看到具体价格。奶牛却不好估值，因为奶牛的价值是奶产量和奶价的乘积，但是奶牛具体产奶量并不确定，主要涉及未来的持续性，与体重没有直接关系。

看到这个理论时，企业家要想一想，自己的公司是肉牛还是奶牛？在目前市场中，多数公司就是肉牛，谈不上估值。为什么呢？因为公司根本没法运营，风险太大，无人敢买，最好的方式就是过两年让它死掉，再成立一家公司，把历史清洗掉，这个时候品牌也没了。

一家公司是肉牛还是奶牛，历史很关键。如果历史是阳光的、好的，公司就是奶牛；如果公司的历史见不得人，公司就是一头肉牛，甚至连肉牛的价格都不值。肉牛，怎么估值？就是公司有多少资产，评估一下多少钱，欠别人多少钱，把公司能换钱的资产所卖的钱减去欠别人的钱，剩下的钱，就是公司的价值。

这样的公司，即使有品牌，也不能用；有资质，也得换。公司不能运营，资质依附于公司主体，都得干掉，这时候公司就是一个肉牛价格，也就是公司净资产金额是多少，大概公司也就值这些钱。因此，自己很努力，却将公司做成了肉牛，是很悲哀的事情。企业家应该想办法把公司做成奶牛。

做奶牛的过程中，可能成本比较高，甚至还无法赚到很多的钱。但是，奶牛本身比过程赚的钱还要值钱得多。因为公司由奶牛变成了肉牛，比如，多赚了2亿元。但一定要知道，这时候奶牛比肉牛的价值高出的可能不止2亿元，也可能是20亿元。

【案例6】

我有一个浙江的客户，是做建筑业资质培训的。建筑企业需要证书来维持业务资质，资格证书很值钱，证书的考试也非常火。取得了这个证，什么都不用干，只要把证放在建筑公司，就得给钱。

那家公司做得特别火，我们的第一次接触是在2013年初，他们的年收入有1000多万元，到2015年春节时，收入1.5亿元，利润相当可观。

适逢2015年股票市场很火爆，很多上市公司都有一百倍的市盈率，到处找公司并购。一家上市公司看到这家公司是做教育的，行业不错，就想收购他们，直接开价10亿元现金。花3年时间发展起一家公司，卖10亿元，还不错。

老板开始纠结卖还是不卖。拿不准主意。犹豫了很久，决定问我："刘老师，我到底是卖公司，还是自己独立上市？"我给他回了一条长微信，第一句话是"我知道，你是一个有情怀的人"。为什么？按照这位老板的想法，应该是自己做好，然后自己独立上市。后面，我话锋一转"但是给的价格太合适，我的建议还是卖掉"。

之后，他就开始做收购方案，购买方要尽职调查，先得把财务化个妆。我一进场就傻眼了：财务真叫一个乱，怎么出嫁？因为时间太紧，没办法化妆，不化妆拿不出来5000万元利润，还有大量的不开票收入没确认。赶快加派人手进场，终于整完，收购方派人作了尽职调查。做的过程中，遇到了股灾，股票大面积跌停。上市公司没法收购，只得暂停收购，一个好的机会就这样错过了。

所以，老板对自己的公司值多少钱心里要有个概念。如果给10亿元，没准还想能不能卖12亿元，能不能卖15亿元？是不是应该更值钱？这就是对自己的公司价格没有一个合理的估计。事实上，收购方对这家公司给出10亿元的价格，属于天价，现在别说10亿元，1亿元都卖不了。

就像一头奶牛值多少钱，跟这头奶牛有多少肉有没有关系？肯定有关系，得有一定的体形和肉量的奶牛才产奶。肉是产奶的基础，虽然奶牛的价格跟肉多少不是一对一的对等关系，但没有肉，肯定产不了奶，所以肉是产奶的基础。不能说跟肉多少没关系，只是跟产奶量之间关系不够直接。

这里，我要说的是：第一句话，资产负债表中的权益，就是净资产，相当于奶牛的肉。两头牛，肉相同，价格不一定相同，因为产奶量不同。第二句话，利润表中的净利润相当于奶牛的产奶量。两头牛，肉相同，产奶量相同，价格也不一定相同，因为奶的质量不同。有些公司利润虽然很高，但是利润质量太差。

> 公司铁三角：
> 收入、利润、现金流！

【知识链接】什么叫利润的质量太差？

就是有利润没现金。公司的收入、利润、现金三角形是个正三角形，是健康。不是正三角形就不健康。

第一种情况，有些公司有收入，没有利润，现金还不错，为啥不错？类金融，客户不欠钱；

第二种情况，有些公司利润还不错，现金也挺好，价格卖得高，也不欠账，客户却不满意，市场份额小，收入少，这也不健康；

第三种情况，有些公司收入很大，利润不多，也有点不是很健康，但是还凑合。

【案例7】

公司A收入6亿元，应收账款6亿元。公司B收入6000万元，应收账款是0。哪家公司更健康？肯定是公司B更健康。因为虽然公司A有6亿元的收入，但全是欠账，利润有没有？利润肯定很高，6亿元的收入有利润。那么公司A的三角形是什么样子的？公司A的三角形收入很大，利润也不错，6亿元的收入。但是现金流怎么样？很差，所以公司A的利润质量太差，有利润没钱，公司不值钱。

公司B是什么样的？虽然收入6000万元，比公司A小，但是应收账款是0，也就是把钱都收回来了。公司B收入虽然没公司A高，但收入、利润、现金这三个要素是很平衡的。

老板的角色、业务、定价和战略，都跟三角形有关，搞懂了这个三角形，就会发现，做公司就是玩三角形（如图2-19所示）。

要看公司到底要啥？先要收入，不要利润，这是一种战略，就是降价、打击竞争对手，给账期，就是要抢市场份额。抢了市场份额、拿到话语权后，再涨价再赚钱，这是一种战略的实现模式。如果公司没有那么多钱，就得赚钱，得有现金，份额小点也行，慢慢等机会，看到谁不行了，就抢它的份额，这也是一种战略模式。

战略形成模式，有很多种。

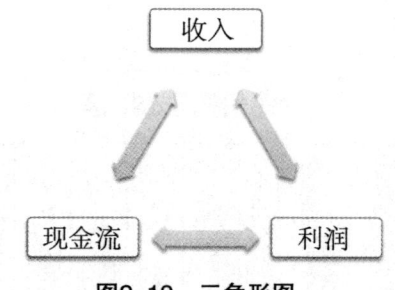

图2-19　三角形图

有利润、没现金的公司最累人。现金流量表中经营活动净流量，相当于奶的质量，因为是现金，就是利润的含金量。利润增加多少，钱增加多少。有些企业就是没利润，有现金，京东就是这样子的。

【案例8】

大型网店平台卖100亿元收入,成本是多少呢?100亿元,利润是多少?零。利润是零,但它有钱。为什么?因为卖了100亿元,收了100亿元现金,成本100亿元,只花了5亿元的现金,因为都在账上,所以,这个月虽然利润是零,但是现金增加了多少?95亿元。下个月也一样增加95亿元,再下个月也是95亿元。

像大型网店平台这种行业,只是一个渠道,利润率比较低。但是现金比较好,相对来说估值偏高,这叫渠道为王。

两头奶牛重量相同、产奶量相同、奶的质量也相同,这些因素都相同,价格不一定相同,为什么?一头奶牛寿命都10年了,另外一头奶牛刚2年,这两头牛未来产奶的持续性不一样,寿命不同,得病的风险不同。风险的因素就太多了,得病的风险、寿命的风险等,当然年轻能活得更久的奶牛,价格更高。

(二)影响公司价格的因素

影响公司价格的因素有:资产规模与质量、商业模式、品牌、行业因素等(如图2-20所示)。

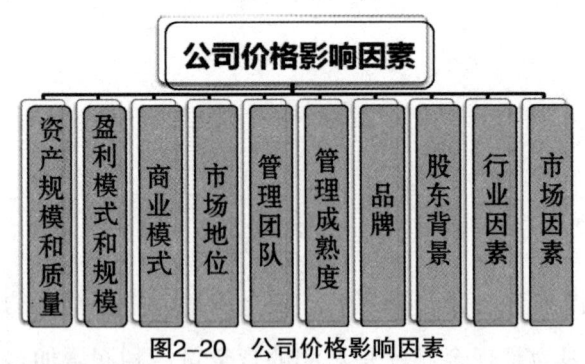

图2-20 公司价格影响因素

因素1:资产规模和资产质量。公司的资产质量是什么样?资产规模是什么？因为资产质量、资产规模相当于奶牛的肉的情况，规模很重要。

因素2：盈利模式与盈利规模。如果盈利只来源于一个大客户，只来源于老板的一个关系，公司就谈不上估值，没人敢要，也卖不掉，因为它不独立，只能靠关系挣点钱。

因素3：商业模式。好的商业模式也会提高公司估值，例如，餐饮企业。传统商业模式、靠卖菜挣钱的餐饮企业，与新模式、靠总部管理、复制扩张挣钱的餐饮企业估值不一样，把价格提高上去百分之几十很正常。但是不能过度迷恋商业模式，要记住，商业模式创新只能让公司获得先发优势，但不可能成为公司的核心竞争力。原因只有一个，商业模式很容易被别人复制。一种创新的商业模式被验证有效后，就会有更强大的竞争对手模仿，投入更多的资源，就很可能把客户抢走。被别人模仿商业模式，竞争对手有可能超越，先驱就有可能成为先烈。

因素4：市场地位。一家公司，如果是行业龙头，有话语权，估值就高。

因素5：管理团队。团队优秀，公司估值就高，因为投资人买一家公司，如果看好这个团队，就愿意出高价。

因素6：管理成熟度。什么叫管理成熟度太低？就是靠人治，公司离不开人，且离不开特定的人，不管离不开的这个人是谁。公司管理出现了一个不可替代的人，且是特定的人，是公司管理最大的失败。俗话说"铁打的营盘，流水的兵"。某个人都不可替代，公司就很难长久活下去，风险太高，哪怕这个人是老板。如果老板一走，公司就转不动，其他投资人买这家公司没有什么用，风险太高。即使投资人要买，价格肯定也会压得很低，甚至会买部分股份，让原来的老板继续做总经理，经过几年改造后，再把原来的老板踢出去。越离得开人的公司越值钱，如果公司老板能够说：

"我一年休假两次,一次三个月,然后偶尔去去公司。"公司反而比较值钱,因为公司离开老板能照样运转。

因素7:品牌。品牌知名度高,公司的价格就高,因为有品牌的溢价,尤其是消费类产品。经营消费类产品的公司,有品牌的公司和没品牌的公司,估值差距太大。

【案例9】

我有一个客户,叫卫龙,主要产品是辣条。很多人一看到这家公司,就会说:"哇,卫龙啊!"我就很奇怪:"卫龙,咋了?"营销伙伴都说:"我们从小吃这个长大的。"就这一句话,让我认识到了"卫龙"品牌的价值。

这就是品牌的力量!

"我从小吃这个长大的",这句话就表明消费者对"卫龙"的产品已经产生了身体记忆、条件反射。这种公司,只要不出现大的食品安全问题,即使不努力搞营销,偷偷懒,都没关系,销售额都能不断地往上走。

最厉害的品牌,就是让消费者、客户产生深层记忆。不是非得高科技才值钱,有品牌价值的公司也很值钱。品牌不是商标,商标的设计并没有想象的那么重要,不是Logo成就一家公司,而是公司成就一个Logo。

用一个公式来表示品牌的价值,就是:品牌 = 数量 + 质量 + 时间

很多奢侈品品牌虽然不是质量最好的,但是其之所以被称为有品牌,就是由于有数量、有质量、有时间,最重要的是时间的沉淀。对于品牌而言,时间是最重要的。任何一家公司,如果能够连续经营两百年,它的品牌就知名。刚经营几年的公司,很难谈得上有什么品牌,太把自己的品牌当回事,容易导致错误的决策。

企业有品牌，品牌是需要维护的。品牌如何维护？在赚钱和品牌之间选择什么？没有选择，只能选赚钱。什么叫品牌？品牌叫"富家小姐"，需要花钱养着，连钱都没有，怎么养得起品牌。所以，中低端赚钱就做中低端，高端赚钱就做高端，不要认为所谓品牌就是高端。

因素 8：股东背景。股东是谁，股东厉害，公司估值也高。股东如果是国有企业，抗风险能力就比较强。

因素 9：行业因素。要看公司处于什么行业？夕阳行业和朝阳行业，估值不一样。夕阳行业卖不上价，没人买。什么行业好？目前这几个行业可能估值会偏高，移动互联网、大健康、大教育、现代农业等。现代农业虽然很难赚钱，但前途光明。大健康里可能更重要的是生物制药，做生物制剂的。当然，最火的还是人工智能。另外，有稀缺资源的公司，比如，有几个矿，是全世界品质最好的，公司估值会较高。很多传统的夕阳行业的公司，例如，做电镀的、做电解铝的，估值会很低，因为它们属于去产能的对象。

因素 10：市场因素。就是当前市场上的钱是多还是少，想买公司的人多还是想卖公司的人多。资本市场资金充裕时，企业的估值都会偏高。

公司估值常用的四个方法：自由现金流折现法、市盈率法、市净率法、市销率法

所谓估值方法，就是到底如何给公司进行估值（如图 2-21 所示）。

估值方法有很多种，行业不同，发展阶段不同，使用的估值方法可能也不同，所以真正给公司估值，需要让专业机构去做，企业家自己只要有个大概的概念即可。

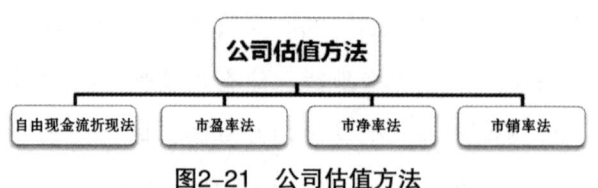

图2-21　公司估值方法

估值方法1：自由现金流折现法

先对公司的未来做预测，之后把公司未来产生的自由现金流折现过来。

这个方法很专业，企业家可能知道得越多越糊涂，这是专业机构用的专业方法。不管是PE（私募股权投资机构），还是VC（风险投资机构），给一家公司投资时，他们都会对被投资的公司做一次估值。

有些新兴行业，尤其是刚刚起步创业阶段，无法对公司进行估值，市盈率法不合适，因为公司产生的利润还很低；市净率法也不合适，因为是轻资产公司，可能就要用自由现金流折现法，看看公司未来创造的现金流如何。估值才能更准确。

估值方法2：市盈率法

如果公司已经成熟，有利润，无论是上市，还是被收购，都可以用市盈率法，公式为：

公司价格 = 利润 × 市盈率

这个利润可以使用过去的利润，也可以使用未来的利润，还可以使用三年平均利润，三年一平均也可以。如果是在2022年中间对企业进行估值，是用2021年的利润还是2022年的利润？2022年还没结束，可以用2021年的利润，也可以用2022年的利润。对于卖方而言，往往更希望用2022年的利润，因为如果公司业绩是持续增长的，那么2022年的利润会比2021年的利润高。但2021年是实际存在的，对于买方而言，使用可以验证的利润，风险会小一点。

> 市盈率法使用时如何确定利润

选择可以验证的、过去年度的利润，还是未来的、尚未实现的利润，市盈率就会略有不同。如果市盈率在12倍到15倍之间，使用去年的利润，市盈率可能是15倍；使用今年的利润，就给12倍市盈率，因为2022年的利润还没有实现。如果卖方要的价格比买方出的价格差距太大，那买方和卖方都能在投资协议里设定对赌条款，卖方可以预测未来的利润，如2022年实现多少利润、2023年实现多少利润。如果卖方确实实现了预测的利润目标，买方就按约定的价格购买股权；如果卖方没实现预测的利润目标，卖方就赌输了，就要给买方补偿，要么降低股权的出让价格，要么给买方其他补偿。

> 市盈率法使用时如何确定市盈率

如果是非上市公司，市盈率跟上市公司的市盈率完全是两回事。没上市之前是"野鸡"，上市之后是"凤凰"。上市公司与非上市公司的估值是不一样的，是两个层面的估值。对于非上市公司，通常给到8~12倍的市盈率应算不低，通常情况下10倍，高的可以给到15倍。

创业者出售公司股权且买方是上市公司，价格很可能会卖得高一点。因为买方已经是上市公司，只要完成收购，合并财务报表即可。按10倍市盈率购买一家公司，它自己在资本市场就有20倍的市盈率。完成收购，假设市盈率不变，上市公司的股东就会赚一倍，所以上市公司通过并购赚钱比较容易。

换句话说，上市公司收购一家公司，只要看好这家公司，完全有可能给出20倍的市盈率，但是超过20倍的可能性就不大了。如果上市公司的市盈率有30倍，一般可以给出15倍的市盈率，原因就在于买方是收购全部的股权，且买方本身是上市公司。但正常情况下，卖公司时，市盈率8~12倍基本上就算可以。有些行业可能稍微高一点，有些行业可能低一点。如果是特别传统的行业，可能给得更低一点，如6倍；公司经营不错，可能给出

12倍。

企业估值方法3：市净率法

指公司价格是公司净资产的几倍。首先看公司的净资产，也就是权益是多少，如公司的权益是3000万元，市净率是3倍，那公司就值9000万元。举个例子，公司有5000万元的利润，用市盈率法算完，估值是5亿元。如果公司净资产是10亿元，按市盈率法估出来的价格，只有5亿元，卖的这个价还赶不上"肉价"，说明公司阶段性的利润没有爆发出来，得想办法卖个肉价，所以一般市净率都要大于1。

当然，现在二级市场里，很多股票市净率都小于1，因为投资者认为这些公司的潜在亏损没在财务报表里体现出来。就像银行一样，银行市净率小于1，把银行关了门，卖掉银行得到的钱都比股票价格高。为什么那么低？因为投资者都认为银行有很多坏账没确认损失，说是资产，其实都是坏账，收不回来，把不良资产扣除后，银行的净资产没那么多。

企业估值方法4：市销率法

用公司的年度销售收入，乘以一个倍数，就能作为公司的估值。具体乘以几倍？不一定。行业不同，倍数就完全不同，关键得看公司的利润率，比如，有些公司的价格是它一年销售收入的好几倍，有些公司的价格是它一年销售收入的百分之几十。举个例子，中国建筑公司，目前明显估值偏低。中国最大的建筑公司，年销售额大概1万亿元，市值才2000多亿到3000多亿。也就是说，公司的价格还赶不上公司一年收入的30%。所以，不是说公司的收入高，公司的估值就高，市销率有可能是几倍，也有可能是百分之几。

有人觉得，按照上面可供参考的各种方法，6倍、8倍、10倍，甚至15倍，差太多了吧？确实如此！因为公司不好定价，对一家公司的估值，不同的人就会给出不同的估值。也就是说，卖掉公司的股权，多卖几千万元,少卖几千万元,很正常,任何因素都可能导致差几千万元。把公司卖掉,舍不得花钱请专业机构来处理,很可能会因小失大。买卖公司、重组并购,是很专业的事情,仅合同里就有很多陷阱,买卖双方都得有专业机构,如律师、会计师、咨询团队等配齐。

在重组并购过程中,咨询团队的价值对于买卖双方都是必需的。对于卖方而言,卖公司股权之前,需要给公司"化妆",就是在公司卖掉之前,把财务体系完善。对于卖方而言,完善了财务体系,就能更了解自己的公司,知道究竟能卖多少钱。对于买方而言,财务完善的公司,经营业绩往往更容易验证,接手之后也容易进行规范化管理。

以上是关于公司估值的内容。作为公司老板,大概有个了解即可。了解公司估值,并不是说让老板把公司卖掉,把公司卖掉有时也是一种选择,该卖时就卖掉,不该卖时就把公司做好,自己上市也很好,把公司当作一项投资,才能作出正确的判断。

五、融资

这里的融资,不包括银行融资。融资分为两类:一类叫内部融资,另一类叫外部融资。

内部融资不是公司向员工集资,向员工集资也是外部融资。内部融资是靠公司自身的运转,"造血"产生的增量资金。公司是干什么的?买材料、付款、销售、再收款……公司做的业务就是一个营运周期又一个营运周期的叠加。其实,经营公司的本质就是通过做业务达到现金的增值。公司自身具备造血能力，叫"滚雪球"，自身的造血能力是企业的内部融资，是企业赚的钱，再投入公司运营，不断"滚雪球"，公司规模就会越来越大。

债权融资的五种方式：抵押贷款、担保贷款、质押贷款、供应链贷款和票据融资

债权融资，常采用以下五种方式（如图 2-22 所示）。

1. 抵押贷款。为什么很多企业都喜欢买房和买地？因为有房子和土地，向银行贷款比较容易。

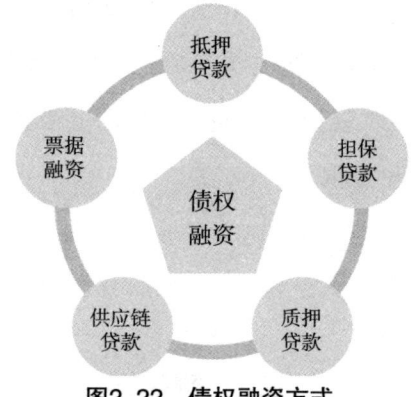

图2-22　债权融资方式

2. 担保贷款。担保贷款，不能乱担保，否则很容易陷入联保的旋涡。这种方式，存在的风险并不是在被担保人身上，而是被担保人给其他人做担保。担保的链条太长，就无法控制风险，可能会让企业一片一片倒闭。所以，不要轻易给别人做担保，除非是互保，如果是八竿子打不着的企业，给人做担保，这样的担保比自己借钱风险还要大。

3. 质押贷款。一般都是股权质押。公司在"创业板""主板""科创板"上市，公司股票都可以质押。所以，公司股票上市有个好处，就是公司股权可以质押，银行能接受。非上市公司的股权不容易质押，银行一般不

接受。

4.供应链贷款。供应链贷款是银行直接将款项放给融资企业的供应商，相当于帮融资企业支付了采购货款，将来融资企业自己还钱给银行。正常情况下，供应链贷款是一种很好的融资金融工具。但是，现在不少企业，利用供应链贷款骗取银行资金，用于企业正常经营之外的投机活动，风险很大。

5.票据融资。公司玩票据，不能瞎玩，否则容易出事。经营企业，只要不出现大的税务问题，融资相对规范，风险就相对可控。

当然，融资要规范，不要随便什么钱都用，不能非法集资、信用卡套现等。有所为有所不为，才能大为，这叫底线。

股权融资的目的：出让公司股权，使总股本增加

股权融资就是出让公司的股权，最普遍的就是IPO上市（IPO，意思是"首次公开发行股票并上市"）。

关于上市，第一个问题是，为什么要上市？有人说，上市就是"圈钱"。其实，有些公司上市之前，根本不差钱，那为什么上市？原因有很多，不要简单、狭隘地理解上市就是为了"圈钱"。

比如，为了规范公司管理，为了公司传承。创业者下一代没人愿意接班，退休后，要么把公司卖掉，要么公司上市之后变成公众公司，让上市公司的可持续性变好，体现了创业者对公司负责的态度。公司上市，不仅能提高声望，还能产生市场效应，扩大公司知名度。

公司想上市和公司能上市，是两个问题。现实中，想上市的公司太多，能上市的公司却没几个，公司要想上市，就要提前做规划。今天的决策，决定了未来三到五年后的结果。不是说今天想上市，明天就上市了；不是一定为了上市，就要怎么样。上市的原因有很多，主要目的在于财富效应、

市场效应、管理的提升，以及在客户中信誉、知名度和品牌的提升等（如图 2-23 所示）。

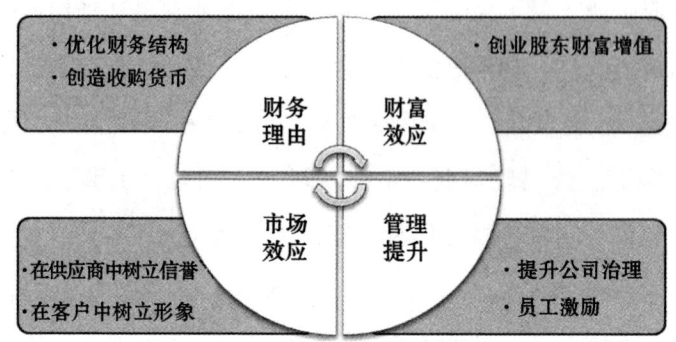

图2-23　股票上市的意义

如果是上市公司，营销人员去谈生意、签合同，就会底气十足，"我们是上市公司"，说出来的感觉不一样。

上市的第二个作用，受到当地政府的保护。因为在上市之前，税务局得白纸黑字给公司出证明，写上公司在税上没什么问题。

上市的第三个好处是，股权激励能够解决公司很多问题。做股权激励，给股权的那一年，员工挺高兴，干劲十足，两年之后，又会回到原点，老板会发现，股权激励好像失效了。因为拿到股权不等于拿到钱，老板给员工股权，就不分红了。时间一长，大家就会觉得没意思。但公司上市后，就能自己决定是否拿到钱，即使公司不分红，也可以直接把股权卖掉变现。

股权激励是对人的冲击、是对人性的考验，需要触动灵魂，不痛不痒，只给员工分点股份，不用掏钱，根本没用，为什么？被激励对象根本不重视，老板也无法得到想要的结果，达不到目的。不掏钱得到的东西没人重视，老板却觉得自己大出血了。老板和被激励对象，对股权的价值感受完全不同，因此，这样的股权激励，没有什么效果。但上市之前公司做股权改革，却有一定的激励作用，因为一下就可造就很多的千万富翁、亿万富翁。

上市审核的要点：税收问题、业务独立性问题、资产的权属问题

公司能否上市，要看这些问题是否过关，比如，公司的环保有问题，一票否决；公司有大量的税收问题，有偷税的行为，后来把税补上了。以前有过偷税行为，即使后来补上，也有问题，如果只是补点企业所得税还可以，如果补的是增值税，基本上不会过关。所以，以前年度收入没有完全体现出来，想上市时，觉得收入不够，开始补税，然后把这个收入释放出来。不要轻易释放，可能得让过这一年，往后顺延，因为有大量补的增值税，是过不了关的。

公司的业务独立性问题。什么叫独立性？就是大客户依赖，如果一家公司的客户只有两个，各占50%，这样的公司别想上市。只要失去一个客户，公司的收入就会下滑50%，两个客户都失去公司就死了，所以，这样的公司，业务不独立。

资产的权属问题，就是公司的资产，权属要清晰。公司的各项资产，都要有相应的产权证明，长期资产，一般要有产权证书。一般国有企业改制过来的公司，可能会有这方面的问题，因为国有企业改制过来的公司，往往在改制过程中会有一些权属的东西。不上市时，没人说，一旦启动上市进程，就很可能有问题，质疑改制过程是否合规，资产权属是否清晰。公司的厂房、土地，没有土地使用权证、房产证，都不行。没有房产证、土地使用权证的这些资产，叫有毒资产，上市过程中，要对有毒资产进行剥离。

想上市和能上市是两个概念，所以如何来规划公司的上市之路就特别重要。当然，规划上市之路，并不一定真的上市，上市之前一定要做合规

改造，财务要合规、要规范，对内对外都要做到规范，所以上市有可能是提升管理的一个契机，有时要给团队以梦想，给团队以希望，即使离上市还很遥远，但是喊出去"我们公司未来要上市"，也是有意义的。

中国资本市场体系：主板、创业板、科创板、北交所

公司上市，应该上哪个板块？这是关于中国资本市场体系的问题。

中国有三家证券交易所，分别是上海证券交易所、深圳证券交易所和北京证券交易所。

我们常说的概念还有"主板""创业板""科创板"等，原来还有一个"中小板"，现在和"主板"合并了（如图2-24所示）。

证券交易所是公司股票上市交易的场所，而上市的"板块"则是股票上市、交易所适用的规则体系。两者之间有区别也有联系。区别在于，"创业板"在深圳证券交易所上市，"科创板"在上海证券交易所上市，"主板"既有上海证券交易所，也有深圳证券交易所。在北京证券交易所上市的公司，需要先在"新三板"辅导过渡。

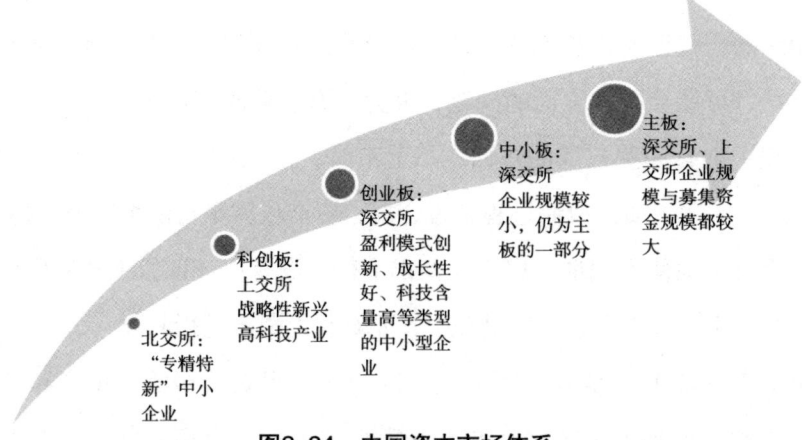

图2-24　中国资本市场体系

中小型公司上市最重要的选择，就是在北京证券交易所上市，选择创业板或科创板。创业板是为高成长、高科技的公司服务的板块，在创业板的上市条件中，对利润的条件要求不太高，但是对成长性要求比较高，即公司增长要快，有一定的财务要求。公司不能为了上创业板，而做出来成长性很好的样子。多数企业上市，可以考虑上北交所；规模相对较大的公司，也可以上主板。科创板、创业板就是可供企业选择的两个板块。

如果是高科技公司、成长性比较好的公司，还可以选择创业板和科创板。一般来说，科创板、创业板的估值比较高。创业板估值偏高，是有一定道理的，因为创业板公司的成长性一般都较好。但是，目前在创业板上市的公司，几乎都是创业成功的公司，不是真正的创业板。真正的创业板，至少 80% 的公司都得死掉。中国的创业板，基本都是已经创业成功的公司，有些公司做了好多年了，最后也上创业板。这些公司的质量是比较好的，黑天鹅事件相对少。

境外创业板，风险高，收益也高，就像美国的纳斯达克。美国的几个知名公司都是创业板的，像 FaceBooK、Google、苹果、微软等。我们现在只看到这几家公司多么好，其实成功的公司背后，是无数死掉的公司。

公司上市，要按部就班地走，一步一步地走，不能着急。着急上市，最后发现税上去了，市却没上去，就糟糕了。

股票上市的成本：补税、社保、股改、税收上升、管理、中介机构

公司股票上市，主要包括补税、社保、股改、税收上升、管理和中介机构。

1. 补税成本。为了补些企业所得税，有些公司要释放一些利润。当

然,也可以选择不补,往后延。比如,2021年不算申报年度了,从2022年开始。

2. 社保。很多企业社保有问题,比如,成本很高、金额很大,可能要花几千万元。如何才能将社保避掉?使用劳务外包,形式上是合法的,但道理上有点说不过去。从法律角度上讲,可以通过这种方式降低社保成本。

3. 股改。上市之前公司要做股改,将有限责任公司改成股份有限公司,可能要缴个人所得税,为什么?因为有限责任公司的股东是自然人股东,股改过程税务局视同进行利润分配,因此要缴个人所得税。如果有限责任公司的股东是法人股东,就不用缴税。

4. 税收上升。公司经过股改后,要规范税收上升成本。

5. 管理。管理成本上升,公司财务团队的成本可能就会上升一大块。例如,现有的财务团队完成不了对外披露财务报告的任务,就要招聘一个能够应对这件事的财务总监。这种人才比较稀缺,财务总监的工资不会太低。老板心存侥幸,认为"我们不用那么高端的人才了,就看着整呗",很可能会出事。甚至整个财务团队都做升级,要么学习升级,要么换人升级,所以,公司上市,管理成本要上升。财务总监、董秘这两个岗位的工资,一年大概超过100万元。

6. 中介机构。比较直接的成本叫中介机构成本,主要有以下几项(如表2-3所示)。

(1)财务合规改造成本。如果公司原来的财务体系非常完善,就不用做了;反之,就不能让审计机构马上进场,要自己先整理完。审计机构,也就是会计师事务所,他们不会帮助公司把坏的变成好的,只会对公司做的事作评价,不是帮公司做咨询。为了提高工作效率,会计师事务所一般都会直接调整公司的财务报表,不会调整产生财务报表的过程。所以,公司需要自己先作财务体系的建设，作财务合规改造，规范财务报表的产生过程，生产出正确的财务报表。

（2）审计成本。会计师事务所要对公司的财务报表发表审计意见。

（3）律师成本。律师在企业上市过程中，要出具法律意见书。

（4）券商，也就是保荐人的成本。

表2-3 主要中介机构及其职责

保荐机构（主承销商）	会计师	律师
◆ 充当公司股票发行上市的总协调人； ◆ 辅导工作和上市保荐工作； ◆ 估值、制定并实施股本设计和发行方案； ◆ 协调其他中介机构、协调各方的业务关系、工作步骤及工作结果； ◆ 起草、汇总、报送全套申请文件； ◆ 负责证监会审核反馈和沟通； ◆ 组织承销团和股票销售； ◆ 上市之后的持续督导	◆ 按国内会计准则，对公司前三年及最近一期经营业绩进行审计，以及审核公司的盈利预测； ◆ 复核发起设立时的资产评估和验资报告； ◆ 协助公司进行有关账目调整，使公司的财务处理符合规定； ◆ 协助公司完善股份公司的财务会计制度、财务管理制度； ◆ 对公司的内部控制制度进行检查，出具内控鉴证制度报告	◆ 协助公司修改、制定公司章程、协议及重要合同； ◆ 对股票发行及上市的各项文件进行法律要点审查； ◆ 起草法律意见书、律师工作报告； ◆ 为股票发行上市提供法律咨询服务； ◆ 对相关事项出具专业意见和判断

上面这些中介机构的成本加起来不会低于350万元。当然，这里并不包括咨询机构的成本，咨询机构不属于中介机构。

在开始谈时，如果中介机构收费低于350万元，就是一种收费策略，什么叫策略？就是开始时先少收点，半路加钱。如果公司的财务合规，费用可能低一点，约200万元；如果财务基础太差，总计费用350万元，肯定不够。

上述的第一项成本，也就是财务改造成本，整个财务体系的建设，可

能要花上百万元，一两百万元。其中，中介机构的收费就有200万，整体基础费用，怎么也得600万元到700万元。另外，券商还有成交费用，按融资额百分比收取，一般在3%左右，如果融资额为1亿元，融资费用就是300万元。但是，这300万元不是拟上市公司先出，而是券商从融资额里直接扣除。所以，真正赚钱的是券商，其他中介都是挣辛苦钱。

以上是公司在上市过程中可能付出的成本。

在公司准备上市之前，老板要先算好这几方面的成本，明白公司上市的路线图是什么样，各项手续要花多少钱，然后再作决定，是否要启动公司上市这件事。总之，企业要想上市，就要先作一个调研，提前了解需要解决的问题，估算出解决这些问题需要花多少钱，然后再作决策。

毫无准备，就把券商、律师等中介机构引进来，只能变成勉强推进上市进程，导致上市成本远高于预期，上不去又下不来。

上市的步骤：确定上市主体、财务体系合规改造、规划上市路线、管理保荐人

上市的主要步骤如下。

步骤1：确定上市主体

在上市进程中，重要的是确定上市主体，就是让哪家公司去上市。有些公司想上市，但存在的问题比较多，无法解决或解决问题需要付出的成本太高。这种情况下，需要"洗大澡"，就是把目前的上市主体给废掉，重新成立一个上市主体，把原有公司的业务装进来。

经过这样的调整，就抹掉了公司原有的历史。根据规定，上市至少需要两年，有的需要三个完整的会计年度，如此计算，没有三年到四年，根本就没戏。所以，要搞清楚公司现在的阶段、促使公司上市的那个阶段、

中间干什么、路线图是什么、需要多长时间、需要花多少钱。把这些事情搞清楚，老板再决定上市或不上市。

步骤2：财务体系合规改造

企业上市之前要完成其财务体系的合规改造。

财务体系合规改造是很专业的工作，一般来说，仅凭公司自己的力量远远不够，需要引入专业机构，券商、会计师、律师都需要到场，对公司作详细的调查。如公司的基本情况、公司股权、重大重组、内部持股、实际控制人等这些公司的历史情况；公司财务的情况、税务事项，财务体系的内容，都要去逐个审查，或有事项、有没有担保、债权债务；劳资的情况、社保的问题、员工合同的问题；资产产权的情况，以及对行业未来测算的情况。

这些都要详细地梳理，梳理完之后公司才能上市，公司从现在阶段，到能上市的状态，需要把这些问题都解决，满足了上市要求，也不是说马上就能上市，还要排队。干完这些事需要多少钱，哪些事情公司自己能做，哪些事情需要聘请专业机构做，需要花多少钱，都需要预先规划，最后再决定是否启动上市工作。

步骤3：公司上市的路线图规划

考虑未来公司上市后的市值，有些公司早一年不如晚一年，早一年公司的体量小，上市完之后公司的市值低，稍微晚一年，溢价高，公司市值就上去了，公司更值钱，因为公司这一年的业绩增长是很快的，所以这是一套系统的工程，叫上市路线图。

公司上市路线图规划，主要有以下几个问题：

（1）公司历史沿革情况；

（2）公司历史重大资产重组的情况；

（3）公司实际控制人的情况；

（4）公司上市主体确定；

（5）上市主体股权架构；

（6）财务合规的情况；

（7）内控体系建设情况；

（8）公司资产权属情况；

（9）公司劳资的情况；

（10）关于核心竞争力的情况；

（11）影响上市的其他情况；

（12）公司上市时间的规划，什么时间做股改，什么时间做上市申报材料；

（13）公司整体上市成本。

把以上这些理顺后，才能决定上市或不上市。

做完这个上市路线的规划图，再慢慢实现，慢慢规范做，最终会实现上市的目标。这个过程中，最害怕的是什么？老板执行力强，今天想上市，恨不得明天就报材料，出现的结果是欲速则不达。

步骤4：管理保荐人

券商找一个标的是不容易的，但是国家对券商保荐人签字的上市报告数量是有限制的。一年中，一个保荐人只能签一个主板、签一个创业板，也就是说，他一年只能签两个项目。

证券公司的实力强与弱，取决于他有多少保荐代表人。如果一个保荐人手里有五个项目，今年只能签两个，这五个项目会让谁上？这个保荐人一定会选择最有把握的那家公司。否则，报一个材料，结果被证监会否决了，那他一年白干，对他的名声也不好。所以券商对拟上市公司实际控制人的说法，并不一定完全是实际情况。券商对实际控制人说这家公司可以上市，不一定是这家公司真可以，因为券商要把这家公司当作后备力量培养；券商说这家公司今年不行了，不能报材料，明年再说吧。有可能这家公司是很有希望通过的，但是，在这个券商储备的项目中，不是最有希望的那两家，所以今年要给其他公司让路，就要把这家公司暂时放下。所以这种情况都是要拟上市公司实际控制人考虑好的，不能够听别人忽悠，一定要自己的脑子清晰，有自己的判断能力。

所以，公司上市，不是上得越快就一定越好，得有体量，得先把公司养成一定的体量。对于公司实际控制人而言，一定要用科学的态度，把自己的公司做好了，这是最核心，最本质的。剩下的，咨询机构给公司做的工作，以及券商、会计师、律师，全是抬轿子的。不能否认外部专业机构的作用，但是其本质还是拟上市公司自己，如果公司太烂，外部的人是怎么扶都扶不上墙的，强行推动上市，也只是白白花钱而已。

第三章
利润管控,关键在于利润设计

一、解读利润表

利润表是利润管控最重要的工具,老板必须学会看利润表(如表3-1所示)。

表3-1 利润表

2022年4月				单位:万元
项目	本期		上年同期	
	本月	累计	本月	累计
一、主营业务收入				
减:主营业务成本				
减:主营业务税金及附加				
二、主营业务利润				
加:其他业务利润				
减:期间费用				
三、营业利润				
加:营业外收支				
四、利润总额				
减:所得税费用				
五、净利润				

正确理解利润表:表达企业的经营情况,但不对应现金情况

很多公司财务做完报表之后,给老板送过去,老板一看,跟自己的想法、心理预期不对位。原因何在？因为财务和老板对利润的理解不同。

【案例1】

财务说："老板，这个月我们做得不错，赚了不少钱。这个月收入1000万元，成本600万元，花费200万元，赚了200万元。这是一张利润表。"

老板看完后，忍不住问财务："这个月赚了200万元，钱在哪儿？"

这一句话问得财务人员无言以对，没法回答。

账上没钱，财务人员却告诉老板赚钱了，更让老板生气的是，财务人员还告诉他要缴税。

老板忍住了，没骂财务人员，回到家跟老婆说："你把流水账整理一下，我看看。"

老板娘将整理好的流水账拿给老板，老板发现这个月做得不行，收入是0元，买材料花了400万元，工资、报销费花了200万元，这个月亏了600万元。老板心里想"还是我老婆算得对"。

第二个月财务人员做完账，又给老板送过去："老板，这个月我们做得不好，收入是0元，成本也就0元，费用200万元，所以这个月亏了200万元。"老板一看，心里想："亏了200万元？我怎么有那么多钱？"因为想了想，收回上个月欠款1000万元，付了200万元的材料款，付了200万元的费用款，钱多了600万元。账上确实有600万元现金。

理解不一样，导致财务人员和老板对公司的经营结果判断不一样，老板自然就看不懂利润表。其实，无所谓对错，有利润不一定现金增加，没利润不一定现金不增加。所以，利润不等于现金，有利润不等于有钱。但为什么利

【利润表表达企业的经营情况，但是不对应现金情况】

润表很重要？因为利润表能表达这个月收入的情况、成本控制情况、费用的控制情况。

要想知道现金的情况，需要看另外一张表，叫现金流量表。利润表有自己的作用，现金流量表也有它的作用。资产负债表、利润表和现金流量表三张报表，在老板心中，最重要的是现金流量表，确实，最重要的报表就是现金流量表。老板是正确的，财务错了！财务人员总觉得资产负债表和利润表很重要，其实老板不看，老板只会看现金流量表，因为他们都认为结果才是最重要的。

利润表特点：反映经营结果、表达业务流、依据权责发生制而编制

要想看懂利润表，其实很简单。

1.利润表是一段时间内的经营结果报表。什么是经营结果？就是收入、成本、费用的经营结果。既然是一段期间，利润表也就相当于录像，而不是照片。

2.利润表是公司业务流的表达。什么叫业务流？就是公司做了什么事，成本控制情况如何，费用控制情况怎么样。公司最重要的"流"有两个，一个是业务流，一个是现金流，公司的本质就是运营业务流。但是，运营业务流不是公司的最终目的，而是现金流增值，通过做业务流产生现金流增值。现金流依附于业务流，公司的实质就是通过运营业务流达到现金流的增值。

简而言之，就是公司是一个现金增值的机器，老板放进去100元钱，机器就开始运转，买材料、做产品、交给客户，最终出来150元钱。然后，再次将这150元钱放进去，转动起来，买材料、做产品，交给客户，又出

来200元……这是公司存在的意义。

当然，有些公司做业务流，现金流不但不增加反而还减少。放进100元钱，买材料、做产品，交给客户，转出来80元，80元钱再放进去，转出来50元，这样的公司，确实做了业务流，但现金流是贬值的，这样的公司就没有意义了，就是贫血。从短期来看，无所谓；如果在可预见的未来，公司都是这样，还不如立刻将公司关了。

利润表是公司业务流的表达，收入、成本、费用、利润等，不能表达收钱或付钱，但能表达这个月收入多少、干了多少活儿；也能够表达出这个月成本控制得好不好、费用控制得好不好。虽然不一定是今天付钱，但今天不付明天会付，所以利润不等于现金。

3.利润表是依据权责发生制编制的一张报表。这也是很多老板看不懂利润表的原因。现金流量表为什么容易看得懂？因为该表是依据收付实现制编制的，收到钱就叫"收"，花钱就叫"支"，一收一支。利润表依据权责发生制，公司有了收钱的权利也算是收，有了付款的义务、责任也算是支。

【利润表表达业务流，现金流量表表达现金流】

【知识链接1】权责发生制

权责发生制，很简单。第一，承认欠条；第二，折旧摊销。什么叫承认欠条？就是公司把产品交给客户，客户给现金叫收入；客户没给现金，给了一张欠条，也叫收入，公司承认这张欠条。只要公司把产品给客户，就叫收入，不管收的是现金还是欠条。所谓欠条，就是应收账款，欠的钱叫承认欠条。

反过来同样如此。只要用了材料、劳务、服务，公司付了现金，就叫成本、费用；没付现金，也叫成本、费用。因为公司把产品给客户，收的现金叫收入，收了欠条，虽然没收到现金，同样收到了获取现金的权利，叫"权"。公司花的成本，付了现金叫成本，没付现金付的欠条，产生了一个付现金的责任，叫"责"，所以叫权责发生制。产生收款权利就算收入，产生付款责任就叫成本费用。

可见，收入里包含现金，也包含欠条；成本费用里包含现金支出，也包含欠条。收入减成本、减费用等于利润，利润不可能等于现金，因为收的欠条和付的欠条不一定是相等的。如果收得多、付得少，利润里就包含欠条；收得少、付得多，利润里不仅没有欠条，还付出了欠条，导致现金比利润多。

表3-2 权责发生制与收付实现制的差异　　　　　　　　　　单位：万元

项目	第一个月		第二个月	
	财务观点	老板观点	财务观点	老板观点
收入	1000	0	0	1000
成本	600	400	0	200
费用	200	200	200	200
盈亏	200	-600	-200	600

此外，业务流与现金流的时间差，会导致公司的利润和现金流不一致。从理论上讲，公司从生到死的过程中，利润的总额和现金增加总额是相等的。为什么会出现刚才例子中的情况？前一个月有利润，没有现金增加，后一个月没有利润，但是现金增加？什么叫业务流、现金流的时间差？公司卖产品给客户，是业务流，共包括三种情况：第一种情况是先给货、后给钱，先发生业务流，后发生现金流。第二种情况是先给钱后发货，先发生现金流，后发生

【业务流与现金流的时间差会导致利润与现金流不一致】

业务流。第三种情况是一手交钱一手交货，现金流和业务流同时发生。如果公司业务流和现金流是同时发生的，公司利润表的利润和现金流量表的现金增加就是一致的。在现实业务中，业务流和现金流很难做到完全一致，必须用两张表来表达业务流和现金流。

折旧摊销，也会导致利润和现金不一致。比如，花2000万元购买一套房子，如果房子能使用20年，实质上是提前支付了20年的租金。一次性支付20年，使用年限超过一年的资产，不能一次性计入成本费用，要按使用年限平均计入，否则，利润就不准确。

【折旧摊销也会导致利润和现金不一致】

比如，甲先生当总经理，既买了房子，也买设备，直接计入成本费用，如果今年亏损，老板会觉得他能力不行，换掉甲先生，之后聘请乙先生当总经理，果然有利润了，为什么？因为在第二年，房子、车和设备都免费，没有成本。其实，根本不能这样计算成本。甲先生花2000万元购买了房子和设备，分摊这两项成本要按20年计算，甲先生只要分摊100万元即可，成本只能算100万元。这就是摊销。

【知识链接2】摊销年限的确定

长期资产按照使用年限平均摊销，如何才能知道一项长期资产的使用年限呢？靠预计，预计一套房子只用一年，理论上来讲，是可以的，但是实际操作不行，为什么？原因如下：公司希望预计使用的时间短一点，想一年就搞定，因为预计使用的时间短，计入成本费用的金额大，利润低，缴税少。如果是上市公司，就希望预计的时间长一点，因为时间长一点，每年计入的成本费用少，利润高，股票就涨。国家却希望预计的时间长一点，计入成本少，缴税多……可见，摊销年限不是企业自己决定，而是国

家有规定。

税法规定了各类型长期资产的最低折旧年限，比如，房屋建筑物，最低 20 年，企业可以预计 30 年、40 年，但不能低于 20 年。企业预计完后，不能随意变更，否则就不具有可比性了。当然，预计 20 年和预计 30 年，即使利润相同，实际结果也不一样。所以，看上市公司利润表时，不能只看利润表，因为利润是被修饰过的。同样的资产，有的公司折旧年限长，有的公司折旧年限短，利润低的公司反而更好。

生产设备最低 10 年，办公设备最低 5 年，车辆设备最低 4 年。过去，国家规定的汽车折旧年限很长，是 10 年；后来，为了鼓励汽车的发展，希望企业折旧完赶紧换新车，抵税，就将车的折旧年限降低了一点。

三表比较：资产负债表是"底子"、利润表是"面子"、现金流量表是"日子"

资产负债表叫"底子"，利润表叫"面子"，现金流量表叫"日子"。

资产负债表能够体现公司的家底情况，就是公司"底子"厚不厚；利润表代表一家公司的"面子"，"面子"好不好。公司底子厚，面子好，未必就好，为什么？因为代表"日子"的是现金流量表，"面子"好看，"日子"不一定好过，叫"死要面子活受罪"。利润都是应收账款，"日子"也没法过；有利润没现金，"底子"挺厚，资产额大，很有"面子"，利润很高，但是"日子"也可能过不下去。公司"面子"不好，但"日子"好过，没利润但是有钱，有钱就能过日子，没钱怎么过日子？类金融企业就是"面子"不一定多好，但"日子"非常好的行业。

第三章 利润管控，关键在于利润设计

利润表的结构：利润=收入−成本

怎么看利润表？利润表的结构也有一个公式：收入−成本＝利润。

利润表由两项构成，叫一加一减。资产负债表叫一左一右，利润表叫一加一减，现金流量表叫一进一出。

工作中的报表很复杂，分解以后，其实并不复杂，最简单的利润表由三行构成：第一行写收入，第二行写成本，第三行写利润。

不过，简单确实不错，但有些重要信息无法表达出来，需要细分一下，根据性质不同，可以把收入分成两类：一类叫主营业务收入，但在公司内部使用的管理报表上，不用写"主营业务收入"，直接将公司主要业务写出来即可，比如，卖服装的，就写服装收入。一类是其他业务收入，什么叫其他业务收入？相对于主营业务，就叫其他业务，比如，生产企业，租出厂房，收到的租金，就是其他业务收入。如果是物业公司，租金收入就是主营业务收入。可见，主营业务收入和其他业务收入是相对的，要看公司的具体业务。在公司内部的管理报表中，是什么收入就写什么。如果有投资，还要写投资收益，可能还有营业外收入。什么叫营业外收入？比如，销售废品废料的收入、员工罚款、政府给的补贴等。此外，还有税金及附加，就是税费，如城市维护建设税、教育费附加、地方教育费附加等。

在计算收入时，一共有两种算法：一种是含税收入，一种是不含税收入。对于财务人员，财务上的收入都是不含税收入。但是，财务用不含税收入，很难给业务部门解释明白。业务人员会认为，明明收了客户117万元，凭什么说收入是100万元？出现了这种情况，财务人员不能太较真，让业务人员听懂是财务人员的职责。如果业务人员还搞不懂，就将利润表

改一下,直接把收入变成含税的收入,就跟业务统计的数字一样了。但是,把收入变成含税的,还要将成本里的进项税计算进来。

财务直接跟老板说:"我们公司缴了……增值税,不影响公司利润。"老板一般都听不懂,反而会认为:"我一共收了117万元,缴的税多,收入就少,凭什么说没关系?"税和收入确实有一定的关系,如何才能让老板明白?答案就是,把主营业务收入变成含税的,把进项税和已缴的增值税放在税金及附加里,收入固定,缴的税多,利润就少,缴的税少,利润就多。公司缴的税有两部分:一部分是公司自己缴的,一部分是公司把钱给了供应商,让供应商替缴的。收入是含税的,税金及附加也包含实际缴纳的增值税。既然没办法追溯进项税,就不要追溯了,只要把进项税单独放一行就行,进项税越多,公司实际缴的增值税越少。

财务人员给管理层看管理报表前,要根据管理层、老板的理解,改一下格式。当然,给税务局的报表,要按照税务局的要求去做。

当然,成本还可以分为营业外支出和所得税费用,这里不再赘述。

另外,可以将报表的格式修改一下。有些人喜欢这样的报表:

第一行叫收入,一个数字,总数下面卖什么产品的收入,是什么就写什么,不要写主营业务收入、其他业务收入。

第二行叫成本总数,比如,制造成本是多少、期间费用是多少。

第三行叫利润,包括所得税。

将公司的内部管理报表改成这种格式,管理层容易理解。对外的报表,读者是希望算中间过程,不是简单罗列的,而是一加一减。为什么?因为报表读者要看公司的主营业务利润是多少,公司是干正事的,靠主营业务赚钱,还是靠其他收入赚钱?管理者一般都知道公司的具体情况,在内部管理报表中,不一定非要算中间过程,报表格式就能更简单了。对外时,要算主营业务利润、营业利润、利润总额和净利润。外人不了解公司,当然要看看各项内容到底占多少。

收入－成本＝利润，月利润是1956万元，是否代表公司增加了1956万元的现金？不代表，也不知道增加多少现金。从利润表看不出来，要想看增加多少现金，需要看另外一张表。利润只代表这个月的经营结果不错，成本控制还不错、费用怎么样。

二、利润设计的基础与方式

利润设计就是利润管控，怎么设计利润？怎么设计2022年8月的利润，怎么设计2022年的利润？利润设计完之后，要按照目标去做管控，将过程管控好，也就实现了利润。

利润设计的基础有四个：一、公司历史经营情况。就是公司以前的经营情况数据；二、对未来市场的预测；三、公司的战略和董事会的合理期望；四、公司资源。设计利润的过程，就是做预算的过程，预演的过程。

利润设计的两种方式：正推法和倒挤法

对利润的设计，有两种方式：一种叫正推法，一种叫倒挤法。所谓正推法，就是根据公司现有的情况，做收入目标、成本目标和费用目标，最后算出具体利润。什么叫倒挤法？就是今年不管现状怎么样，都要有1000万元利润，去倒挤收入和成本，如何控制费用？

【案例1】

一个小和尚,打了一壶水,找了一些柴,想要用这些柴烧开这壶水。结果,小和尚很快就发现这些柴烧不开这么多水,怎么办?他想到一个办法,就是把水倒掉一点。小和尚觉得自己挺厉害,但他忽视了另外一个问题,倒掉半壶水,只能烧开半壶水,烧一壶水和烧半壶水,结果不同,水少了。

可见,倒水的方法太消极,积极的人一般都不会这样做,他们会想办法找柴,实在找不到,才会倒水。

直接倒水的方法就叫正推法,有多少资源,就烧多少水;能做多少事,就干多少事。这里,去找干柴,就是倒挤法,目标是烧开一壶水,缺什么就去找什么。

同理,如果企业目标是利润1000万元,倒挤法是这样的:为了达到1000万元的利润,如果人数不够,就招人;钱不够,就融资。如果实在招不来人,融不来资,就降低目标,结合公司历史情况和未来规划进行推演。比如,根据公司的历史收入情况、成本情况、毛利情况、利润率情况,大致算一张利润表。要想实现1000万元的利润,需要5000万元的收入,同时把成本和费用压缩在4000万元以内。为了实现收入5000万元的目标,同时把成本费用压缩在4000万元,可以将利润设计分为收入设计、成本设计和费用设计。

所谓收入设计,就是按时间、产品、客户、战区等,做收入的分解。比如,今年必须实现5000万元的收入。按时间分解,要看公司的历史收入情况,把过去年度的收入分12个月列出来,分析淡季和旺季。然后,把5000万元收入,按照季节性波动,分配到12个月里。如果公司的某项产品生产能力受到限制，说明资源受限，就要以生产能力为标准去做设计。收入设计，要弄明白几个问题：什么时候卖？卖什么（有什么产品，按产品分解）？谁卖（任务安在人头上）？卖给谁（客户是谁，每个渠道多少）？怎么卖（工作方案是什么？是参加展会，还是电话销售）？收入设计由业务部门负责，财务部门的主要任务是推动业务部门去做，销售总监没有一个月时间根本就想不明白，老板只看结果。

做好收入设计后，再配比设计成本，主要包括材料的投入、人工的投入、设备的投入，以及市场的投入等。最后，根据这些，推演人员的编制和固定资产的投入。最终，所有这些会反映为相应的资金流，就是现金流预测。

三、利润设计常用四张表

利润管控需要导入四个工具（如图3-1所示）：第一个工具叫简化的利润表，第二个工具叫收入设计预测表（如表3-3所示），第三个工具叫成本设计预测表（如表3-4所示），第四个工具叫费用设计预测表（如表3-5所示）。

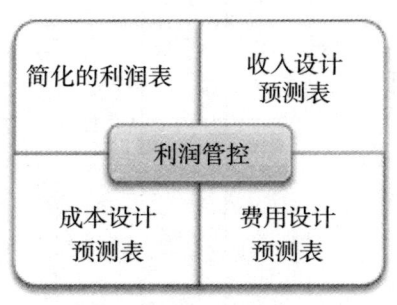

图3-1　利润管控四工具

表3-3 收入设计预测表

战区	城市	事业部××				事业部××				合计
		产品××	产品××	小计	占比%	产品××	产品××	小计	占比%	
北区	北京									
	山东									
	东北									
	……									
小计										
占比%										
东区	上海									
	江苏									
	浙江									
	……									
小计										
占比%										
南区	广州									
	深圳									
	福建									
	……									
小计										
占比%										
西区	成都									
	重庆									
	云南									
	……									
小计										
占比%										
	合计									

这个表很简单，如果是分给事业部，横向是产品、纵向是部门。纵向的内容，跟公司的营销组织架构相关。如果公司只有一个销售部门，下面有五个战区，每个战区又分为几个组，就按照实际的组织架构修改。把北区改成一战区，把东区改成二战区，把北京改成一组，把山东改成二组。换句话说，这个表是分层次的。

如果是全国性营销的，就分大区，大区里再分公司，公司下面还要分战区，一层一层做。每家公司的营销组织架构都不一样，有的很大，有的稍小一点，要明确每个产品、每个负责人是谁、这个部门卖多少以及那个部门卖多少。如果将该表用于下一年度，要做 12 张，把每个月的收入情况按照谁来卖、卖什么等纬度列出来。12 张表，一共有三个纬度，一个是时间，一个是谁卖，一个是卖什么。做完之后，就能变成公司利润管控的标准。

利润管控，需要先定标准。为了实现目标，每个月都应该控制，然后对实际情况与控制标准进行对比。比如，2021 年 7 月的历史业绩数据，2022 年 7 月的目标业绩数据，以及 2022 年 7 月的实际业绩数据。对比之后，如果发现存在差异，就找找具体的原因，然后召开经营分析会议，找到具体原因，制订改进措施和方案，并对结果进行追踪。到下个月再比较追回来没有，如果没有，就要想想为什么没追回来，是不是方案不好使？收入是一个关键节点，需要按每个月进行管控，甚至按每一周去管控。

这张表的重要性不言而喻。如果公司做的是工程项目，一个项目就是一个产品，可以按项目核算。如果开始做未来的数据有难度，可以先填上历史数据和现在数据，把公司已经发生的业务做到表上，如此，公司的销售情况就能一目了然，比如，卖什么产品？谁卖的？即使没有标准，老板也能看到最后的结果，作出有效评判。

【知识链接】产品成本设计预测表

成本表上，要列出卖哪个产品、成本是什么、材料分别是多少。每个月生产了多少产品，都要将产品耗用的成本情况做出来。换句话说，至少要按产品和利润出报表。做不出这个报表，就说明公司成本核算有问题。

按照财务核算的要求，生产车间工人的工资是要计入产品成本的。但是，从管理角度来看，计不计都无所谓，因为真正控制时，是按某一项控制的而不是按总数控制的。为了控制材料成本和人工成本，就要将财务核算的明细分开，比如，材料、人工。具体到人工，还分为：直接人工和间接人工。间接人工就是车间主任、车间管理人员的工资薪酬；直接人工就是生产线工人的工资薪酬。此外，还包括其他制造费用，如水电费、机物料等，都属于间接成本，要对每一项费用进行控制。财务核算时，是否将生产工人工资计入成本，没有本质影响。但如果是对外报表，就要将生产工人的工资计入成本，否则，毛利率就无法跟其他公司比较，会计处理要遵循国家的规定。

表3-4 成本设计预测表

	产品一	平均	产品二	平均	产品三	平均	产品四	平均	合计	平均
销售数量										
销售收入										
销售税金										
销售成本										
直接材料										
占收入%										
材料××										
材料××										
材料××										
材料××										

续表

	产品一	平均	产品二	平均	产品三	平均	产品四	平均	合计	平均
辅料										
直接人工										
占收入%										
间接人工										
占收入%										
其他制造费用										
占收入%										
毛利										
毛利率%										

费用设计预测表，更容易看懂。横向是每个部门，纵向是人数和费用明细。公司的各个部门，如采购、生产、质检、设备、物流、人事、行政、财务、销售、客服等，每个年度结束时，都要做出下一年度各月份的费用预测表，每个部门出12张表，列出每个月的费用分别是多少（如表3-5所示）。该表的导入和落地都可以循序渐进，先让财务人员将本年度已经实际发生的费用填在这张表上，然后拿给老板看，老板就能知道各部门的花费、人均花费、各部门的人数、各费用的占比，以及费用比率的高低。

费用预测表的格式，适用于各行业的公司，只要按照实际的费用明细，稍作修改即可。控制好了收入成本费用，利润也就有了。所以，管控要靠财务管理工具的导入。

表3-5 费用设计预测表

	制造费用					管理费用					销售费用		合计	
	采购	生产	品质	货仓	小计	占比%	人事	行政	财务	小计	占比%	销售	占比%	合计	占比%
人数															

续表

	制造费用						管理费用				销售费用		合计	
	采购	生产	品质	货仓	小计	占比%	人事	行政	财务	小计	占比%	销售	占比%	合计	占比%
人员薪酬															
房租															
水电费															
办公费															
差旅费															
业务招待费															
维修费用															
低值易耗品															
运输费															
折旧															
摊销															
杂项															
合计															
人均															
预算															
好坏(+/−)															

四、利润管控的指标要准确精练，评价要客观正确

每家公司有十张报表，如果老板名下有十家公司，老板就得看一百张报表！所以，看报表并不是管理财务最简单的方式，因为看十张报表也得花很长时间。

其实，要想了解公司的经营情况，根本不用看十张报表，只要看四个指标即可。看完这四个指标之后，如果都没问题，就不用看报表了。发现一个指标有问题，再看报表，看看究竟哪里出问题了，细节是什么。

可见，指标比报表更精练，更容易让股东和管理层读懂公司经营情况。

利润管控四指标：收入、毛利率、一元收入费用负担率和销售利润率

利润管控，主要看四个指标：第一个是收入；第二个是毛利率；第三个是一元收入费用负担率；第四个是销售利润率（如图3-2所示）。

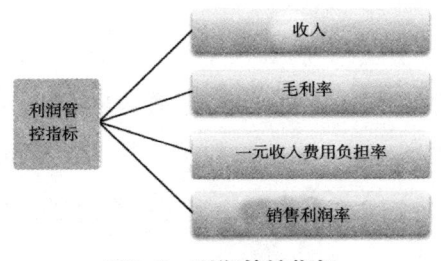

图3-2　利润管控指标

（一）收入

【案例2】

公司甲2021年7月份的目标是：收入500万元，成本400万元，费用50万元。

结果，当月的实际结果是：收入600万元，目标实现；成本470万元，是好是坏？看完一个数字，老板却不知道好坏，就说明这个数字有问题。

不能仅看成本绝对金额超过目标值，超了不一定就坏。有些公司会犯一些让人觉得可笑的错误，比如，收入有预算，成本有预算，费用有预算。收入超过预算，但是费用不能超预算。管理层总会对销售部门说，这个费用超了，不能花了，为什么？因为收入控制看收入，成本控制看成本，费用控制看费用，三项指标独立。但实际情况是，要想超额完成收入，费用就得高。收入600万元，超过了预算，成本也得超预算，才是好的结果。

（二）毛利率

同理，实际发生费用59万元，是好是坏？也一样看不透，可能有人说好、有人说坏，其实也是好的结果。所以，第二个指标，不能用简单的成本，因为看不透，所以第二个指标应该用毛利率。

（三）收入费用负担率

企业毛利率不能简单用费用总额控制，费用花了500万元或600万元，老板根本不知道如何评价，500万元怎么样？600万元又怎么样？老板要用财务指标来评价好坏。

举个例子，公司的一元收入费用负担率是0.1元，什么意思？就是公司要收入1元钱，就要支出0.1元。不要把费用只当作费用，费用是获取收入的资源，0.1元费用支撑1元收入。算完这个之后，如果发现600万元收入,已经超过了预算 500 万元,就行。如果算出的毛利率是 20.1%,而目标是 20%,结果就不错;如果实际数据是 0.099 元,不到 0.1 元,结果也不错,一看就能知道公司的经营结果。

(四)销售利润率

只要控制好收入,达成了毛利率目标,实现了一元收入费用负担率目标,最后的利润结果一定不错。所以,老板只要看这三个指标即可。如果指标 OK,利润表根本就不用看。不用看收入明细表、成本明细表、费用明细表,仅看这三个数,就能知道这个月的经营情况。

对利润的理解:成本是利润的减项,也是获取利润的资源

老板们应该如何看待成本呢?利润管控,收入不变,成本越低,利润就越高。

成本是利润的减项,也是获取利润的资源。

【案例 3】

假如收入是 10,成本是 9,利润是 1。要让利润增加一倍(如表 3-6 所示),怎么办?

方案 1:增加收入。收入增加有两个要素:一是数量增加,二是单价提高。公司收入增加究竟会受到哪个因素的影响?需要做分析。数字是很美妙的东西,销售价格提高 10%,收入变成 11,成本为 9 不变,利润变成 2,利润就能增加一倍。这时候,就得想办法把产品的售价提高 10%。现实中,很多产品受市场竞争的影响,无法提价。相同的产品拼价格,产品不同,客户根本就无法做比较。要想把产品销售单价提高 10%,就要走差异化

的道路。当然，这不仅需要财务做到，更需要营销、研发、技术等的努力。

方案2：降低成本。要想办法降低成本，比如，收入10，成本变成8，利润为2，利润也能增加一倍。

方案3：将收入变成20，成本变成18，利润就能变成2，利润就能增加一倍。将规模放大一倍，通过资源推动，放大规模，利润也能增加一倍。

表3-6 利润增加一倍的三种方案比较

项目	现状	方案1	方案2	方案3
收入	10	11	10	20
成本	9	9	8	18
利润	1	2	2	2

成本是利润的减项，也是获取收入的资源。很多人只记住了前半句话，没有理解后半句。成本不是越低越好，不是什么成本都能砍，把成本都砍成零，收入也就变成零了。成本是用来支撑收入的，不是不让花钱，而是要有效率地花钱。有些公司看到自己的营销费用高，就开始控制，结果营销费用下降的同时收入也下降了，还增加了费用率，这并不是好事。成本也是获取收入的资源，该花的还得花，该付出的成本还得付出。

利润的高低，在某种程度上可以修饰，但对于特定的一家公司而言，根本就无所谓，因为处理方式一样，不用做修饰，今年和去年都一样，利润具有一定的可比性。所以，利润表并不能完全真实地反映公司经营的好坏，却能在某种程度上反映出公司的经营结果，比如，公司这个月收入的情况、签合同的情况、生产产品的情况、成本控制的情况、费用控制的情况。

当然，利润表也不复杂，只是简单的"一加一减"，加叫收入，减叫成本，"收入－成本＝利润"。成本有广义成本和狭义成本之分，广义的成本包含费用。平时说的"收入－成本－费用"，这个成本是指狭义成本；平时说的"收入－成本＝利润",这个成本指的是广义成本。

利润管控方法:三个关键节点和一个方法论

要想做好利润的管控,就要把控三个关键节点,运用一个方法论。

三个关键节点分别是:收入、成本和费用。收入、成本和费用都没问题,公司的经营结果一定不错。这是一个方法论,适合实际情况使用。上文还讲了几个指标,这几个指标就是关键节点的指标。

对于财务基础比较差的企业而言,财务人员按照实际发生的数据,很难填完利润的明细表,只有使用完善的财务系统,才能把数据提取出来。财务基础差,数据算不准,可能会算出一个总数,但具体归属哪个部门,财务人员根本就不知道。为什么财务数据一定要跟各部门挂钩?因为在费用表格中,纵向是费用明细,横向是每个部门;在销售明细表中,横向是产品,纵向是部门。这些表最后都跟人挂钩,如果财务部门核算不出哪个部门、哪个人花了多少钱,就做不出费用表。而老板也只知道要控制招待费,却不知道究竟要控制什么、怎么控制。

上面的利润管控表并不是每家公司都能做出来,因为公司整体的财务核算体系有问题,核算得不细,核算的科目不对……要想把这些数据弄准确并及时反映出来,必须搞明白财务的核算体系。将账做准是对财务人员最重要的一个要求,对外安全、对内准确,老板和管理层想要什么数字,才能有什么数字。

管理,最终管理的是人的行为,只要是承担责任的人,都要受到管控。企业的所有管理行为最终都会跟人挂钩,不管是成本控制,还是收入和费用的控制,部门经理只是承担责任的人。

现实中,很多财务总监不知道公司的毛利率,甚至不知道去年的销售规模。毛利率指标下降,一般有两个原因:一是产品售价下降,一个是成本上升。无论是产品市场价格下降，还是成本上升，都会对企业造成负面影响。所以，企业要关注毛利率，毛利率的计算公式为：

$$毛利率 = \frac{收入 - 成本}{收入} \times 100\%$$

很多人都没听说过"一元收入费用负担率"这个指标，老板和管理层看到费用，不管是500万元，还是800万元，都仅仅是数字，不能简单说费用高就不好，因为费用也是公司获取收入的资源，要想实现收入，就需要费用做支撑，有费用投入。所以，老板和管理层不能只看费用的绝对额。借助一元收入费用负担率这个指标，老板就不用记公司的费用到底是几百万元还是几千万元了，只要记住这个指标即可。

公司收入1元钱，需要花多少费用？是0.2元，还是0.35元？这是很容易记住的东西。当这个数字印在老板的脑子里时，老板马上就能评判，比如，这个月、这个季度，或者去年一年，公司费用的整体控制情况如何？老板和管理层需要将这个数字记在脑子里，清楚地知道公司一元收入的费用是多少。老板要告诉员工："弟兄们，明年我们的目标就是把一元收入费用负担率降低一分。"

一元收入费用负担率计算公式：$一元收入费用负担率 = \dfrac{费用总额}{收入总额}$

公司的费用需要跟收入挂钩，这里的费用总额，是一个费用总和，包括管理费用、销售费用和财务费用。具体费用的分类，没有任何实质意义，不要纠结什么叫销售费用、什么叫管理费用。生产制造型企业把生产工人的工资放到费用里，没计在成本里，税务上就容易出问题。仓库里的产品还没有卖掉，工人工资全走费用了，直接用费用抵税，是税法不允许的。生产产品的人工费用什么时候才能抵税？只有把产品卖掉时才能抵税，产品还在仓库里，先把工人工资拿出来抵税，着实不妥。从公司管理角度看，可以这么做，但税法不允许。

所以，从管理角度看，没必要分解销售费用和管理费用。如果想控制某项费用，怎么办？比如，公司的招待费比较高，老板想控制招待费，吃完饭找老板签字，根本不叫控制。员工吃完饭再找老板签字，老板看到费用，可能会感到不悦，但还要签，否则业务员就会想："我出差请客户吃饭，吃了几只大螃蟹、几个鲍鱼，费用确实有些高。但如果你不签，就是逼着我想别的办法捞这笔钱。"

如果想控制招待费，就要计算指标，计算一元收入招待费用率，公司要形成一元钱收入到底得吃多少钱。然后，再确定公司控制招待费的目标是多少。如果目标是从2分降到1.5分，老板就要将这个指标公布给公司所有的人。大家都知道老板在关注这个指标时，费用自然就会降下去。

最后，分析一下，看看这些花费分别都是谁花的，然后把吃饭花钱最多的前十个人列出来，看看他们每人吃了多少……做完之后，发给他们。此外，还要把业绩排名表列出来，业绩第一名是谁，吃饭他是第几名；业绩第二名的，吃饭是第几名。这是最符合人性的控制手段。

第四章 现金流管控:既要管好"出水",也要考虑"进水"

一、动态现金流：现金在流入和流出的过程中实现平衡

现金既是流动的，也是静止的，资产负债表其实就是资金的静态表。当然，现金流里更重要的是动态，是流动的。公司现金就像是一个水池，叫现金池。现金池是公司保险柜和银行里存的钱，有流入，也有流出。"水池"里的水为什么要流动，把它存为定期不是更好？因为，流动的作用是平衡。蓄水池的水多，就容易平衡；水少，平衡就容易被打破。所以，如果公司资金紧张，就很难做到平衡。但公司蓄水池的水足够多，老板和财务总监也会害怕，因为是现金池的水太多，收益率就会降低。钱都放在银行账户里，如何有收益？

一句话，蓄水池的水位高，平衡效果就好，但会降低股东的收益率；蓄水池的水位低，平衡效果差，但没有浪费，因为现金的收益率最低。

【案例1】

公司甲2021年现金流进10亿元，流出8亿元，现金流会不会出问题？

可能会出问题。因为虽然流入10亿元，但具体什么时候流、是先流进来还是先流出去？如果2021年10月和11月先流出8亿元，2021年12月才能流入10亿元。水池的水根本没有8亿元，没流完，就不够了，10亿元就进不来。道理很简单，公司现金流出现问题，很多都是这个原因。

第四章 现金流管控：既要管好"出水"，也要考虑"进水"

听说搞房地产开发挺赚钱，很多老板开始算账，买块地，盖房子，卖出去……经过核算，发现能赚钱，于是开始操作。但有时钱是先流出才能有流入，流不出这么多钱，钱就流不进来。

静态算账没问题，等动态算账就会出问题。现金是流动的，涉及很多时间因素，看待公司现金流时，必须把现金流进流出与时间挂钩，加上时间轴。如果要做一个新项目，就要把这个项目的时间轴画出来，看看周期是多长。大项目可能时间会超过一年、两年。在这个时间中，还要区分足够短的时间。什么叫足够短？不能按年、按月、按周去计算，要按天算。

> 现金流必须有时间轴！

回到刚才公司甲的案例。有一种情况，公司甲的现金流就不会出现问题。如果公司甲的资金池原来有10亿元，2017年现金流绝对不会出现问题。流入10亿元，即使最后一天进都没关系，将原有资金先投出8亿元，还剩2亿元，后来又进了10亿元，变成12亿元。所以，公司蓄水池如果有10亿元，就没必要按周算现金流，只要把这一年算明白即可。

可见，在时间轴看现金流时，时间间隔多长主要取决于蓄水池内的水有多少。水多，时间间隔就能长一点；水少，时间间隔就得短一点。蓄水池里的水，即资金池里有多少资金，是代表公司现金是否安全的一个重要指标。如何理解？假设公司从现在开始一分钱都不进，经营状态不改变，看看公司账上的钱能养公司多久。这个指标很重要，尤其是评价大公司时，经常会用到。如果能养活一年、两年，公司就非常有钱；只要能养活公司三个月，就是比较安全的。

> 现金流的时间轴与资金存量有关！

现金流管控要跟时间挂钩，时间间隔的长与短要根据蓄水池的金额大

小来判断。在这个时间间隔内,现金进来和出去保持一致,现金流就不会断。如此,只要所花的钱小于蓄水池的钱,间隔就是安全的。在每个时间间隔,都要测算现金流入和流出,保证时间点的现金流不会断,流入大于流出,保持资金池的水位不变,现金流就是健康的。这就是现金流入流出的模型。

做复制类型的项目,必须先做出这个模型。比如,开餐饮门店,要不停地复制。假如开一家店需要三个月,第一个月只是出钱,第二个月进一点钱,按周把现金模型做完,再总体测算一下开一个店需要花多少钱,可能就会发现比原来想象的花的钱要少。可以先开两三家店,让资金运转起来,这样有利于复制扩张。

二、现金流量表:最重要的现金流管控工具

现金流管控需要借助工具,比如,现金流量表就是最重要的现金流管控工具。那么,什么是现金流量表?

1. 现金流量表是一段期间内现金流入流出的汇总。相当于给公司现金流拍录像,反映了一段时间内现金流入流出的情况,不是一个时点。

2. 现金流量表是公司现金流的表达。利润表是公司业务流的表达,公司运营只有两个流:一个叫现金流,一个叫业务流。业务流很重要,现金流更重要。

3. 现金流量表是公司日子的表达。资产负债表代表了公司的底子,利润表代表了公司的面子,现金流量表才代表公司的日子。有的公司"底子"

很厚,很有"面子",但日子很难过,比如,固定资产投资很多,业绩很好,但都是应收账款,没有现金,日子自然就难过。

4. 现金流量表是收付实现制报表。什么叫收付实现制?收到钱就是收,花了钱就是付,现金流量表由两项构成,一进一出,进叫流入,出叫流出,流入减流出就是净流量,把流入和流出细化,就变成了现金流量表。

现金流入的三种类型:经营活动、投资活动、筹资活动

现金流入主要包括以下几种情况:

1. 卖产品,是公司最希望的进钱方式。把产品卖掉,把服务卖掉,把钱收回来。专业的说法,叫销售商品提供劳务收到的现金。

2. 贷款,或借款。贷款,都是向银行或金融机构贷款;借款,向任何人都能借。

3. 投资收益。把投资收益收回来。

4. 处置投资。把投资处置掉,收回本钱。还可能有钱流进来,但本钱不一定全部收回,价格可能比本钱卖得低,比如,原来股票是48元/股,现在卖掉是8元/股。虽然也进钱了,但进的钱比付出的本钱少,是现金流入。

5. 政府补贴。一些政府部门,如发改委、财政局、管委会、科技部,甚至工商总局等,会给企业一些支持政策。但是,需要缴企业所得税。

6. 活期银行存款利息。为什么是活期?因为定期存款的利息是投资收益,是公司主动投资;活期存款利息是被动的。

7. 处置资产收到的钱。比如,花8000万元修建了厂房,现在要还银行贷款,实在没有别的钱,就作价5000万元把厂房卖掉。

8.股东投入的钱。

以上就是公司的进钱渠道,但是不同渠道的钱性质并不完全相同,基本上可以分成三类:

1.经营活动现金流入。销售商品是经营活动,政府补贴也是经营活动,只有经营,政府才会补贴企业;活期存款利息流入,也是经营活动。

2.投资活动现金流入。投资是花钱出去,把钱收回来就是流入。收到投资收益也是投资活动流入,处置投资是投资活动流入;处置资产也是投资活动流入,因为固定资产也要投资。

3.筹资活动现金流入。借款是筹资活动流入,股东投入也是筹资活动流入。

经营活动现金流入主要依赖公司自己,如果流入减流出是正的,钱是增加的,就叫内部融资;筹资活动现金流入是靠别人,是外部融资。

三种方式流进来的钱,性质不同,公司会有取舍。

现金流出的三种类型:经营活动、投资活动、筹资活动

公司的现金流出分为三类,分别是:经营活动现金流出、投资活动现金流出、筹资活动现金流出。

1.经营活动现金流出。比如,公司花钱最多的是买材料;第二是发工资、缴社保、住房公积金;第三是缴税。此外,还有一些费用,如办公费、招待费、广告费、房租费、水电费、物业费、会议费、差旅费等。虽然名目繁多,但比前面的金额都小,所以在做报表时,可以将这些费用合并放在一行。如果想知道费用的明细,可以单独再做一张表,解释明细。如果某项费用特别大,比如,房租,足以影响老板对现金流入流出的判断,就可以把该项费用单独一行列出来。

2.投资活动现金流出。投资活动现金流出主要有两项，对外投资的钱、购置资产的钱，甚至包括其他。

3.筹资活动现金流出。借钱，不仅要支付利息，还要偿还本金。股东给钱是投资，投资的目的是分红，分红也是筹资活动现金流出。

现金净流量分析：对经营活动、投资活动和筹资活动的现金净流量分析

现金净流量可以分为三类，分别是：经营活动现金净流量、投资活动现金净流量、融资活动现金净流量。

现金流入减现金流出等于现金净流量，如果现金净流量大于0，水位就不会下降，公司现金就不会减少；如果现金净流量小于0，现金就会减少；净流量长期小于0，现金越来越少，现金流最后就会断掉。

> 经营活动现金流量越大越好！

（一）经营活动现金净流量

经营活动现金净流量，大于0，就不错，而且越大越好，这是公司的发动机，是公司内部融资的来源，是公司将雪球慢慢滚大的支撑。公司自己造现金，才能在第二年扩大业务规模。收入规模为1亿元和2亿元，主要区别在于投入的资源不一样，1亿元时需要100人，不提高人的效率，收入规模扩大两倍，就需要200人。

要想得到1亿元收入，营运资金就需要达到3000万元；2亿元收入时，就需要6000万元。因此，今年收入1亿元，赚了2000万元，再投进去，明年才可以提高收入，这就叫"滚雪球"。如果把现金流比喻成身体的血液，经营活动净现金流就相当于身体的造血能力。企业的造血能力决定着银行是否贷款，企业没有造血能力，银行一般都不愿意贷款。

（二）投资活动现金净流量

投资活动现金净流量，是大于0好，还是小于0好？要具体分析。投资收益导致的大于0，就不错；处置资产导致的大于0，就不好。所以，投资活动的现金净流量，处于发展和扩张状态中的公司，都小于0；如果企业业务收缩、规模萎缩，则大于0。

> **投资活动现金流量需要具体分析！**

公司规模增加，就要增加投资，现金流出就会很大，公司发展越快，投资活动的净现金流就越小。如果今年收入1亿元，明年要做10亿元，生产线就要增加九条，人数要增加十倍，办公设备要增加十倍，需要大量投资、购置资产，导致现金大量流出。换句话说，公司的发展速度是需要资源支撑的，发展规模不同，投资的金额也不同。

如果人均单产不变，收入从1亿元增加到2亿元，人数就要增加一倍。人数增加了，办公设备就会增多，办公场地的面积就会增加……投资自然也就提高了。此外，还有生产线，还得增加厂房设备。

所以，规模越大，投入越多，发展速度越快，需要的钱越多。

【案例2】

某公司主要业务是销售交通流量统计设备，并负责为客户安装调试，主要设备为国外进口，员工有15人，销售额500万元到600万元，员工待遇一般。2018年3月，在一次会议上，主管领导说："我们具备得天独厚的条件，为什么公司收入如此少？"一段时间后，公司换了总经理。新上任的李总工作非常敬业，每周工作7天，不是在施工现场，就是出差跑订单，仅用了三个月，公司收入就达到1500万元，一年就是6000万元。结果，第二年年底公司倒闭了。原因何在？

公司原本的年收入是600万元，却被提高到6000万元，这时候就需要大量"献血"。收入增长10倍，人员也得增长10倍、办公设备得增长10倍、施工设备得增长10倍，需要花大量的钱购买设备。公司"造血"的速度，必然赶不上花钱的速度，因为购买工程车、施工设备，都是一次性付钱，虽然可以用10年。公司本来只有十几个人，做点小生意，完全可以养活大家。结果，李总进入公司后，一下子就将这600万元花完了。为了实现目标，就得增加10倍人员、增加10倍设备，又投资1000万元。公司收入1500万元，加上300万元净现金流，还差700万元，只能将账上的钱"失血"用完，发不出工资，员工就会陆续离职。

公司的发展速度跟开车一样，速度太快容易出事，速度太慢容易熄火，要保持匀速度，不能过高，否则现金流就会断掉。与之类比，投资活动现金净流量相当于"献血"，要想提高公司的发展速度，就得多"献血"。忽视了公司的"造血"能力，盲目"献血"，盲目提高发展速度，一旦现金流断掉，公司多半都会"死掉"。

（三）筹资活动现金净流量

筹资活动现金净流量大于0好，还是小于0好？或正或负，既不能永远大于0，也不能永远小于0，要具体情况具体分析。筹资活动永远大于0也不好，公司每年都增加融资，如果是干正事还行，"贫血"就不好。如果永远是负的也不好，比如，公司每年利润全部分红，说明公司没发展、没新项目，钱花不完，只能分给股东，让股东去想办法投资。所以，筹资活动现金净流量相当于"输血"，是给公司"输血"。

【筹资活动现金流量需要具体分析！】

民营公司的"输血"能力一般都很有限，当"输血"水平是0时，公司的

【要不想让公司"失血"，"造血"减"献血"加"输血"就必须大于0】

"献血"速度就取决于"造血"能力。

公司现金流出现的问题,与人类献血的道理一样。当"输血"水平是 0 时,"献血"的速度就取决于"造血"的能力。发展速度和"献血"速度正相关,发展速度快,献血速度就快;发展速度慢,"献血"速度就慢。

有时,还会出现非正常情况。公司业务没发展,"献血"速度却很快,就是因为公司做了与经营无关的非经营性项目。

三、导入工具:现金流管控常用的三张表

第一个工具:简化现金流量表

简化现金流量表

2022/04　　　　　　　　　　　　　　　　　　　　　　　　　单位:万元

项目	本期		上年同期	
	本期金额	累计金额	本期金额	累计金额
一、经营性现金净流量				
1. 经营性现金流入量				
A. X1产品				
B. X2产品				
C. X3产品				
2. 经营性现金流出量				
A. 材料采购付现				
B. 生产工人工资				

续表

项目	本期		上年同期	
	本期金额	累计金额	本期金额	累计金额
C. 管理人员工资				
D. 各项间接费用				
E. 各类销售提成				
F. 各种税金付现				
G. 其他				
二、非经营性现金净流量				
1. 非经营性现金流入量				
A. 与集团往来				
B. 与外部往来				
C. 银行（或其他机构）借款				
2. 非经营性现金流出量				
A. 与集团往来				
B. 与外部往来				
C. 银行（或其他机构）还款				
三、现金流量净额				
1. 经营性净现金流				
2. 非经营性净现金流				

经营企业，老板一定要对现金流有一定概念，即使没上升到理论，也要知道发展越快越缺钱，以及公司发展越快越缺钱的原因。

企业的运营需要很多钱，需要钱的地方如下。

1.需要增加现金池的钱，100个人时和500个人时，账上存的钱的数量不一样。如果收入金额和资产规模比较大，账上的钱还像创业时的几十万元，远远不够。规模扩大，账上的钱就得多一些，现金池的水自然就得增加。

2.公司扩大规模时，营运资金也要增加。如果管理水平不变，销售规

模增加一倍，就要增加公司存货、应收账款、应付账款和营运资金。如果公司管理水平不变，销售规模与营运资金的需求量是成正比的。假设公司年收入是1亿元，存货有2000万元，应收账款为3000万元，应付账款有1000万元。公司要想营运，就要垫资4000万元。道理很简单，存货2000万元，应收3000万元，就垫了5000万元。当销售规模由1亿元变成2亿元时，收入增加一倍，如果存货和应收账款的管理水平都不变，公司的营运资金将会增加到8000万元。存货由2000万元变成4000万元，应收账款由3000万元变成6000万元，应付账款自然也会增加，由1000万元变成2000万元。这时，公司就需要营运资金8000万元。

在管理水平不变的情况下，营运资金的需求额与销售规模是成正比的。同时，随着销售规模的增加，公司的固定投资也会增加，厂房设备、办公设备都要增加。增加的资金需求与收入的增长规模不一定成正比，但一定是呈正向关系。比如，现在的产能没有完全用完，销售规模增加一倍，不一定需要增加相同的生产设备，可能只要增加一部分生产设备就够了。但是，销售规模增加一倍，公司的办公设备基本上就要增加一倍。那么，增加的资金来自哪里？第一个来源，来自公司的"造血能力"，自己多造"血"，不用去外边找。当造血小于公司的需求增加时，就要进行外部融资；如果外部融资效果差，就会消耗体内的血液，一旦现金流断掉，企业就无力回天了。

给老板导入的现金流管控工具，都是最基本的工具，需要老板关注和使用。不过，公司现金流的管控，是财务总监的职责，不是老板的职责。所以，财务总监对现金流管控所使用的手段和工具，比老板的要细要多。

老板只是了解现金流管控的大概，而实际做的工作要多得多，需要设定整个财务系统里的进钱出钱体系，设计好什么时候进钱，什么时候出钱。当然，如果钱很多，只规划花钱即可；如果钱紧，就要规划好进钱和花钱的具体时间。

第二个工具：现金日报表

如表 4-2 所示，是一张给老板、管理层看的简化现金流量表，不需要翻译，是什么就写什么，是一张流水账的汇总。

表4-2　现金日报表

明细	××××年/××月/××日	
	金额	备注
保险柜的钱		
建行账号		
工行账号		
农行账号		
招行账号		
……		
今日余额合计		
编制人：		
日期：		

对老板报送的报表，在不影响老板对公司经营情况判断的前提下，越简单越好。

在该报表上，要显示这样四列数据："本期金额""本年累计金额""上年同期金额"和"上年同期累计金额"。如果是 8 月的报表，"本期金额"就是 8 月 1 日—8 月 31 日现金的流入流出情况。第二列"本年累计金额"，是 1 月 1 日—8 月 31 日的现金流入流出情况。老板看报表时，不仅想看本月的，也想看当年的累计数。所谓"上年同期金额"，就是上一年度的 8 月 1 日—8 月 31 日的现金流情况；而"上年同期累计金额"，则是上一年度的 1 月 1 日—8 月 31 日现金流入流出情况。

　　这是一张非常重要的报表,能够表达公司的日子,往往也是老板最关心的,他们希望通过这张表,了解这个月进来多少钱、花了多少钱、从哪儿进来的、花在哪儿了、剩了多少、别人欠我多少、我欠别人多少……

　　那么,什么叫现金日报表?现金流量表是指公司现金流的过去,通过过去来预感未来的情况。

　　现金流量表是过去,现金日报表就是现在。所谓"现在",就是公司账上现在有多少钱。做一张表,先写上保险柜里的现金金额、各银行账户里的存款,然后合计总金额;然后,写上日期和时间,比如,2022年1月11日17点30分。最后,做完该表后,每天下午在一个固定时间,拍张照片发给老板,同时发给财务总监和总经理。

　　从理论上讲,老板每时每刻都能得到他想要的企业经营信息,才是最佳状态。但使用现有的技术手段,目前还做不到把每时每刻的财务信息都告诉老板,只能每个月结账。有些经营信息不一定是给老板看的,总经理看总经理的,销售总监看销售总监的,采购总监看采购总监的,生产总监看生产总监的,谁负责任谁看。信息量太大,无法做到每天都给使用者,甚至做不到每周都给。当然,很多信息也没必要每天都知道、每周都知道,要每个月知道一次即可;有些信息,管理层是希望更短时间内知道,才能更了解公司的经营情况。多数财务信息,一个月只要知道一次足够。但是,有些重要的经营信息,必须每天都知道,需要把时间缩短到一天、哪些信息。

　　有些行业,如果公司是做项目的,可能就不需要日销售额了,一年只做两个项目,没必要知道日销售额,只要知道一个月的订单量即可。对于多数公司来说,每天都需要得到这两个信息。除了这两个信息,也可能是其他业务信息,比如,每天的采购量,每天的现金余额和每天的销售额,除了工程项目公司外,老板需要每天都知道。数字异常神奇,简单的数字连续看,简单的事情重复做,就会发现完全不同的结果。

　　这就是数字的魅力!连续看三个月的现金变化趋势图,老板掌控了公司现金情况，就能变得胸有成竹。对资金情况的了解，可以在潜移默化中影响老板的决策（如表4-3所示）。

表4-3 动态现金日报表

2022/4/1

时间：2022年4月1日17时	金额	备注
前日余额		
今日流入		
其中：现金		
建行账号		
工行账号		
农行账号		
……		
今日流出		
其中：货款支出		
工资支出		
费用报销		
……		
今日余额		
编制人：		
日期：		

财务人员只要做得更好一点，做出一张表，老板就能知道更多的信息。每天看看这些数字，连续看三个月，老板对公司的经营会更好把控。

第三个工具：四周滚动付款预测表

对公司的现金情况，老板需要有全方位了解，对过去有了解，对现在有概念，还要考虑未来。未来要花多少钱，有没有这笔钱去支付，这张"四周滚动付款预测表"就是这样一种工具。当然，这个工具并不能把现金

的情况都搞清楚,有很多细节的东西还需要财务总监去做。

作为老板,要知道未来花多少钱、进多少钱,有时不一定能预测准确。但是,对于老板和财务总监,根据对公司业务的理解,应该对未来的资金情况有个大概的概念,花钱要有计划。在一家公司里,能够随时花钱不用提前让公司知道的人并不多,主要是几个核心成员,包括公司里使用备用金的人。另外,董事长、总经理、销售总监都有一些权力,不需要提前告诉股东,就能临时决定花钱。除此之外,所有的花钱都在公司的计划之内,如果不是这些人,计划外花钱,需要走计划外的程序,比一般的程序要复杂,要做审批,要有流程。

关于这个工具,第一,工具的导入需要三到六个月时间,一个月导进去不好使,不准确,甚至各个部门都不一定配合。第二,这个工具的导入,需要其他花钱的部门配合,从报表看到的结果,是财务人员汇总各个部门花钱的一个结果,中间过程需要很多的工作。

财务要考虑这样几个问题:第一,该付钱了吗?第二,有发票吗?第三,发票合规吗?第四,付那么多对吗?老板都没有想这些问题,自己签完字,财务就得无条件付款。老板还认为这样效率高,那就可能导致业务部门、财务部门产生矛盾。本来,财务部门还审审单子,业务部门其实心里早就想了:"瞎翻啥啊,老板都签字了,你这是狗拿耗子。"

老板希望财务起到控制的作用,财务本身也有这个职能,但是老板往往破坏了财务的这个控制职能。是老板自己破坏了,不是别人破坏的。当老板破坏时,情商高的财务人员怎么想?"反正你都这样了,公司又不是我们家的,我得罪这人干啥呢!"就会出现这种局面。老板和财务人员在内部控制方面较劲,矛盾上升之后,最后老板还得付出代价。记住,老板签完字,不等于必须付款,财务总监不签字,老板的签字自动作废。

这个"四周滚动付款预测表"工具跟签字有什么关系?事实上,有很多字不需要老板逐笔去签，有这个工具之后，一周老板签字一次就够了，剩下的就是财务的事了。这个表就是公司下一周所有的花钱计划，老板签字的目的，是老板知道这件事了，并不等于该付钱了。在这个计划之内的支出，实际付款时，业务部门负责走流程，财务部门负责审核。比如，房租、水电、供应商货款、物业、押金等，这些费用，老板知道下一周花那么多钱，真正每一笔钱在支出时，是业务部门申请付款，财务部门负责审核和监控即可，就起到了关键性的作用。

"四周滚动付款预测表"这个工具，一周做一次，一次做四周。这一周做第一周、第二周、第三周、第四周，因为离的时间越久，计划的花钱越不准确，实际上，一、二、三、四这四周，真正执行的是第一周，过了一周之后，再做一遍，把第二周、第三周、第四周重新修订一下，第二周变成执行了，再加上第五周，二、三、四、五平移过去，一周一周要进行修订，真正执行的是最近的一周。

当这个表做完之后，各个花钱的部门都汇报上来，财务汇总完之后，老板签字，这个计划内的支出，按照程序走即可，业务部门走流程，财务审核监控。如果在这个计划外花的钱，就需要走另外的流程，这个时候业务部门要请款，这个请款流程就比较复杂了。首先给主管的领导签字，其次部门经理要签字，最后是财务总监要签字，财务总监要看准备没准备，有没有这笔钱，后面是总经理签字、董事长签字。签字的人多还是少，计划外花钱的流程是复杂还是简单？计划外花钱为什么要复杂，就是不想让业务部门走计划外流程。就是让花钱的部门麻烦，因为麻烦几次之后，下次就动脑子，就细心了。经过三到六个月，大家都开始重视付款预测，好好地作计划了。

可能会有人说："我下周花多少钱，我怎么知道？我也不知道花什么钱，计划赶不上变化。"导入这个工具时，业务部门肯定有人会说这话，为

什么？他懒得做，不想做这件事，就会说计划赶不上变化。怎么回答他？就问他："如果未来是不变化的，我们为什么还要做计划？"如果未来是不变化的，就更不需要做计划了。正是因为未来是变化的，所以才要做计划，让变化的未来变得具有可预测性。所以，"计划赶不上变化"这句话根本就不成立，是错误的。

付款预测都是有明细的，业务部门也不能任性地多做，该不该付，老板、财务都是要检查的，要挤水分。要想挤掉水分，就必须有支出明细，有明细就没有水分。

举个例子，出差。员工到广州参加我们长财咨询的培训课程，从公司借款，借多少？去广州三天，借两万元吧。为什么借两万元？有没有水分？怎么挤掉水分？一般的公司借款，就是买印制好的借款单，写上借多少钱，老板也不知道是多还是少，老板说他借多了，也没有凭据。实际上，花不了这么多，员工回来之后也不着急报销，因为钱没有花完，票还没有凑够。

要想解决这个问题也简单，就是要有明细，要设计一个借款单，这个借款单分好几行。员工要出差，借钱可以，第一行借什么钱，市内交通费，因为要打车去机场；出差回来之后，还得打车回公司，也是市内交通费。

第一行，市内交通费借多少。出差要坐飞机。

第二行，机票借多少；到了广州之后，要住酒店。

第三行，酒店费借多少；到广州要吃饭。

第四行，餐费借多少；到广州，正好要见客户。

第五行，客户招待费借多少；到了广州机场，去酒店要打车。

第六行，异地交通费借多少……

这样一行一行列明细，明确支出项目。按这个要求去借款，基本就不会有多少水分，花不了三个月时间，全公司的人都能知道：公司打车到机场、某个员工从家打车到机场多少钱……报销时，借多少，花了多少，对比列示，就能知道借得多了还是借得少了。

支出有明细后，水分就容易被挤掉。花什么钱，不是拍脑袋，比如，下个月要付200万元，付什么钱？请列明细。这叫质询。财务在审核付款计划时，要对花钱计划进行质询，一质询，水分就露馅，就不会有部门故意多报支出计划。

当然，还有其他的现金流管控工具。不仅花钱、收钱都要知道，甚至可以预计未来一年的收付款计划，不是四周时间了，完善之后，有周计划、月计划、季度计划和年度计划。可能有人会问："我们哪有那么多时间干这件事？"这叫习惯，习惯之后，就会发现做计划并不会降低公司的效率。

四、现金流管控的两个评价指标

上面是用于现金流管控的工具，那么，如何对现金流管控情况做评价？这里一共涉及两个指标。

经营活动净现金流：经营过程中"造血"

第一个指标，叫经营活动净现金流。

这是"造血"的部分，要知道公司每个月产生多少经营活动净现金流。如果是负50万元，就不是"造血"，而是"失血"。公司花钱，要充分考虑"造血"计划，如果"造血"实现了目标，花钱按照"造血"去设计，公司现金流就不会出现问题。经营活动净现金流是一个动态指标。

财务杠杆：经营活动结果的好与坏

第二个指标，叫财务杠杆。

这是现金流管控的最终结果，或好或坏。财务杠杆等于资产总额除以权益合计金额，两个数据都来自资产负债表。如果资产总额是2元，权益合计1元，那么财务杠杆就是2；如果资产总额是3元，权益合计金额是1元，财务杠杆就是3。

第五章
运营管控的核心逻辑:增值

一、运营：董事长负责公司的整体运作

公司治理结构包括股东会（股东大会）、董事会、监事会，以及董事长、经理、副经理、财务负责人等。负责运营的是经理，一般叫总经理。

广义的运营，是指公司的整体运作，负责人是董事长。狭义的运营，是指公司产供销业务的运营，平时说的运营就是经营，负责人是总经理。

公司资源与经营结果之间的桥梁就是运营（如图 5-1 所示）。运营的目的，就是利用公司控制的资源得到期望的结果。利润表和现金流量表是运营结果的表达，资产负债表的期初数是公司可利用的资源，期末数是一段时间运营后的结果，同时也是下一期间公司可利用的资源。

【广义的运营，是指公司的整体运作，负责人是董事长】

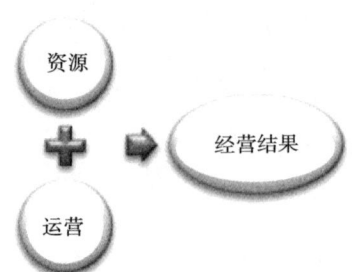

图5-1　公司资源与经营结果之间的桥梁就是运营

财务报表数据不代表公司全部的资源和结果，比如，人力的资源没在里面，结果也没在里面。举例，公司 2017 年培养了两名总监，就是公司运营的结果,但这个结果并不会在财务报表里直接体现。所以,财务报表数据不代表公司全部的资源和结果,财务报表所表达的资源和结果都可以用货币计量。所谓货币计量,就是用钱算数。这样表达的资源,也是最让人信服的资源。

结果与投入资源之间的关系,体现了管理团队的运营能力。公司最重要的要素共有两个:一个叫资源,一个叫能力。公司运营资源的能力好、资源多,结果就好。资源和结果之间的桥梁就是运营能力,运营能力的强弱,完全可以通过公式计算出来。公式是:资源 × 能力 = 结果,用这个公式可以推出来,能力 = 结果 / 资源。公司的经营能力如何,不能仅用嘴说,要用数字来表达。

所以,结果和资源之间建立一种联系,就是能力的表达。比如,今年公司甲收入 6 亿元,这是结果;公司有 1000 人,这是资源;6 亿元除以 1000,得到的就是能力,人的能力,叫人均单产。明白这个公式之后,公司就能根据自己的行业特点设计指标,行业不一样,指标也就不一样。

比如,酒店。酒店的收入是结果,酒店的房间数是资源,酒店的收入与房间数的关系指标,即收入除以房间数,也是酒店管理一种能力的表达。当然,实际应用并不是这样计算的,需要进一步推导,酒店收入和入住次数有关系,入住次数乘以单价就是收入。收入和入住次数是一回事,只是中间差了单价,且单价是确定的,所以可以为酒店收入换一个指标,将入住次数作为结果,房间数是资源,入住次数除以房间数,就能得出入住率。

再如,餐饮企业。桌位是资源,吃饭的次数是结果,结果除以资源,就是上座率。营业面积是资源,营业额是结果,计算出单位面积营业额,叫坪效。这些都是体现管理团队能力的指标。

人均单产这个指标,很多公司都要算,老板都要看,尤其是服务行业,更要看,因为服务行业是以人为重要资源的,靠人来做服务。对于工程项

目的公司，收入的数字其实不重要，更重要的指标叫订单量。因为做工程项目，这个单子是今天签完明天干，今年签完明年干，订单的数字比收入的数字还重要。只要知道订单量，就能知道未来一段时间内的大概收入。比如，上市公司中国建筑，经常公告签了多少单，当公告订单量时，这个订单并不是马上就做，签完合同后，需要很长时间才能形成收入，可能是明年，但这个订单量预示了未来的结果如何、未来有没有活儿干。

再专业一点，公司的存货是资源，收入是结果，收入与存货之间的关系就是存货周转率，是运营能力的指标。

应收账款是资源，收入是结果，收入和应收账款的关系，算完之后叫应收账款周转率，再换算一下，叫账期。

公司总资产是资源，收入是结果，计算出来的指标叫总资产周转率。

这些指标都代表管理团队的运营能力，包括：总经理、销售总监、采购总监、生产总监等。对整个运营能力负责的，是总经理，不过总经理一个人并不能承担所有的责任，要把责任往下分解。

假设2021年公司甲的利润是5000万元，这是结果；老板给公司投资了10亿元，这10亿元是资源。5000万元除以10亿元，就能得出投资回报率。可见，投资回报率也是管理团队能力的指标，去年做了20%，今年做了30%，投资回报率上升，说明团队管理能力强。

经营企业，能力重要，资源同样重要。很多企业刚开始没有资源，也想搞创新、搞研发，但没有钱，没有资源，什么都搞不了。企业发展有两条路：一条叫贸工技，一条叫技工贸。80%以上的企业走的都是贸工技，因为刚开始创业的钱，不够给研发的博士发半个月工资，得先做贸易，批发或做代理商得慢慢做，积累点钱；钱多了之后，买块地，再建工厂，自己生产，生产销售一体化；积攒点钱后，发现自己的生产需要创新，再成立研发部，招几个研发人员，搞产品研究，这就是贸工技道路。

什么叫技工贸？就是先不赚钱，把全球知名的科学家招来几个，先研究出产品；然后，商品化、工业化、批量化、建工厂、买设备，把产品生产出来，再卖掉赚钱……这条路，没有资源的支撑，走不了。

二、运营效率的评价和原理：评价要有指标，原理需要技术

运营能力的几个指标（如图5-2所示）。

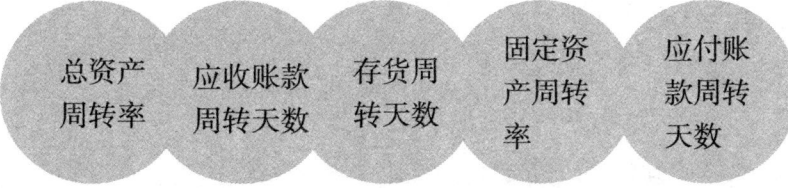

图5-2 运营能力的几个指标

指标1：总资产周转率

总资产周转率=销售收入/平均运营资产总额×100%

如果资产中有部分不是用于运营，比如，买了块地扔在那里，就不算，要把它剔除，只计算运营用的资产。这是一个综合指标，可以搭建起销售规模与资源总占用、投资总额之间的关系。该指标的负责人是总经理，可以考核总经理效率的高与低，以及公司资金使用率的高与低。

指标2：应收账款周转天数

应收账款周转天数＝期间时长／（赊销收入／应收账款平均余额）

公司形成了相同的销售收入，应收账款越少越好，应收账款越少，资

金转得越快。

应收账款是对公司资金的占用，例如，占用5000万元资金，收入1亿元，效率就很慢，账期是半年；如果应收账款是2000万元，收入是6000万元，一年转三圈，就是四个月的账期。当然，账期越短，效率就越高。

指标3：存货周转天数

存货周转天数＝期间时长/（销售成本/存货平均余额）

这个指标可以体现销售量与存货之间的关系，反映存货的周转速度。

指标4：固定资产周转率

固定资产周转率＝营业收入/平均固定资产净值

固定资产周转率是企业销售收入与固定资产净值的比率，其表示在一个会计年度内，固定资产周转的次数，或表示每1元固定资产支持的销售收入。

指标5：应付账款周转天数

应付账款周转天数=360/应付账款周转率

应付账款周转天数又称平均付现期，是衡量公司需要多长时间付清供应商的欠款，属于公司经营能力分析范畴。

【案例1】

老婆打算给老刘10000元，让老刘到批发市场批发手机零配件，然后到路边摆摊销售。一个月后，老刘全部卖完，卖了15000元，赚了50%。老刘把赚的5000元上交给老婆，又拿着10000元去进货。选好了商品，结果要付款时，发现钱被偷了，只得如实向老婆汇报。挨了一顿臭骂后，生活还得继续，老婆把刚收到的5000元分成两份，一份2500元留着给孩子买奶粉，另一份2500元交给老刘继续进货。

老刘硬着头皮，拿着2500元又去做生意。结果，2500元的货，仅用了一周,就卖完了,净赚50%,共计1250元。他将这笔钱交给老婆,作为孩子奶粉钱。然后,拿着2500元又去批发,又卖了一周,赚了1250元钱。之后,又去批发,又卖了一周,卖了又去批发……最后,一个月下来,一共批发了四次,卖了四次。

第二个月,老刘一共卖了多少钱?第二个月和第一个月销售量是一样的,赚的钱也一样,5000元。进了四次货,每次2500元,一共10000元,赚50%,所以第二个月也赚5000元。

那么,老刘第二个月赚5000元,和第一个月赚5000元,一样吗?不一样!因为第一个月老婆给老刘投资10000元,老刘给老婆的回报率是50%;第二个月,老刘赚5000元,但是老婆给老刘的投资只有2500元,所以老刘给老婆的回报率是200%(如表5-1所示)。

表5-1 周转速度对投资回报率的影响 单位:元

项目	第一个月			第二个月		
投入	10000			2500		
	单次	次数	总额	单次	次数	总额
购货成本	10000	1	10000	2500	4	10000
销售收入	15000	1	15000	3750	4	15000
盈利			5000			5000
回报率	50%			200%		

在这个案例中,提高存货这个资源的使用率,从一个月转一圈提高到一个月转四圈,效率提高四倍,回报率自然也就提高四倍。公司回报率比竞争对手高四倍,就有降价的空间,如果竞争对手跟着降价,就会被挤死了。

三、财务运营模式设计：投资回报率=利润÷权益

什么叫财务运营模式？就是公司赚钱是有道理的，是有方法的。

首先要知道一个数学模型，投资回报率＝利润/权益，这个公式还可以进一步演绎（如图5-3所示）。

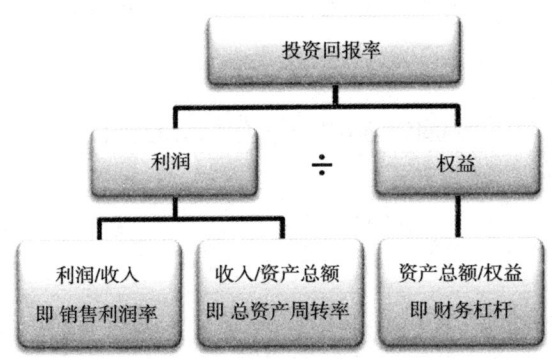

图5-3　财务运营模式设计

股东最关心的问题一般都是投资回报率，投资回报率是股东对总经理的评价指标。比如，股东要求总经理和管理团队要做到投资回报率为30%，那么如何做到？

从模型可以看出（如图5-4所示），投资回报率是销售利润率、总资产周转率和财务杠杆共同作用的结果。

这样，投资回报率就能分解成前面讲过的十几个指标。公司的投资回报率由三匹马决定，这三个指标就是三匹马，三匹马用力不同，公司的运

营模式就不一样。

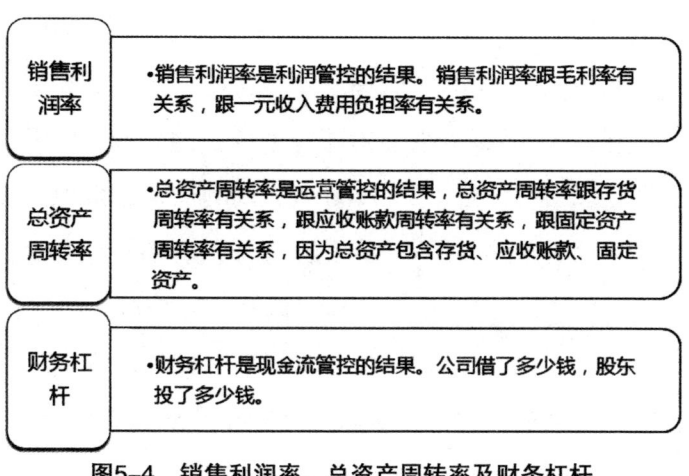

图5-4 销售利润率、总资产周转率及财务杠杆

如果不考虑管理角度，仅从决策的角度来看，投资回报率都是30%时，在低成本模式下，公司有较高的销售利润率；在轻资产模式下，公司投入资产较少，资产周转很快；在类金融模式下，公司大量借入资金，"借鸡生蛋"，相应地，公司的财务风险较高。三种模式无所谓优劣（如表5-2所示）。

很多人觉得轻资产模式好，风险小。但是，投入重资产，实质上是建立了公司的"护城河"，会屏蔽很多竞争对手，公司就能获取较高的销售利润率。

表5-2 公司的三种运营模式

运营模式	销售利润率	总资产周转率	财务杠杆	投资回报率
低成本模式	30%	0.5	2	30%
轻资产模式	5%	6	1	30%
类金融模式	5%	1	6	30%

每个行业、每种产品，哪种模式合适就用哪种模式。但关键是，决策者要知道哪个模式合适，需要对行业有深入了解。作为一名总经理，要深入分析公司的产品特性，有的产品适合低成本模式，有的产品适合轻资产

模式，有的产品需要提价，有的产品需要降价，然后通过提高效率去抵消降价带来的不利因素。

理解了上面的公式，老板、管理层就会发现，公司赚钱是需要规划的。假如规划销售利润为5%，管理层也就有了管控的目标。假设公司今年要1000万元的利润、5000万元收入，保证20%的销售利润率，凭什么这样假设？管理层做利润管控时，必须按照20%的销售利润率来设计，成本压不下去，就要提价，要设计一系列的规划。每家公司都要找到适合自己的最佳模式，最佳模式就是三个指标相乘，结果最大。

【公司赚钱是需要规划的！】

在品牌和赚钱之间，公司应该先选择哪一个？建议先选择赚钱。过高地估计自己的品牌，认为自己的品牌厉害，产品定价就会偏高，倾向于走高利润率模式。但产品价格定高，一旦发现根本就卖不掉，就可以采用第二个轻资产模式，努力提高公司的经营效率，提高销售量，增加销售额，资产不变的情况下，逐渐提高总资产周转率。

这个公式时刻提醒企业家：要想赚钱，就要坚持三条路：一个是效率，一个是效益，一个是风险。未来企业要想向效率转型，就要提高第二个指标，转向轻资产模式，即使是在资产不变的情况下，也要提高资产使用效率和管理效率，实现第二个指标的提升。所谓管理转型，就是提高效率。

四、运营风险控制：战略、系统、财务、税务、经营、外部等风险

在运营过程中，企业都会遇到很多无法避免的风险，必须通过公司的内控体系去应对。

运营风险（如图5-5所示）主要有战略风险、系统风险、财务风险、税务风险、经营风险、外部风险。

图5-5　运营风险种类

公司没有清晰的战略方向，是非常致命的。在刚开始创业时，不用谈什么战略，老板只要喊"弟兄们，抄家伙干"即可，因为执行比规划重要。随着规模越来越大，公司度过了创业生存期，就要确定清晰的战略方向。掌舵人说："我们从来没想过这件事，我们就走一步看一步。"看不到，怎么能走得到？公司战略非常清晰，无论有多难，无论战略目标是远还是近，历经千辛万苦，坚信不变，走着走着也就到了，伟大就是这么熬出来的。

员工问老板："我们公司未来的方向是什么，五年后，我们公司将变成什么样？"老板答："我也不知道。"这时候，员工就会

想："不能把青春浪费在你的身上。"然后就会寻找有方向、有目标的老板。目标，会将很多人吸引过来，提高凝聚力，因此一定要先喊出来告诉大家，"我们的目标是……"但这不是妄想，更不是梦想，能实现的叫战略目标，不能实现的是梦想，只能做梦。

这里的"系统风险"并不是炒股票的教材里讲的"系统性风险"，而是公司管理系统不完善带来的风险。

公司能在激烈的市场竞争中存活下来，都有其成功之处。但是，每家企业的成功，都跟老板的个人因素有关。老板性格不同，但很多人依然成功了。比如，有一种老板是关系型的，公司之所以能够走到今天，就是靠关系，这种关系的资源成就了公司的今天。这种老板，往往比较仗义，但这种仗义，在经营公司时，也有缺陷，比如，经常用仗义、侠义之气或是情分去解决问题。做公司，最终还是要讲本分，还是要讲科学的方式。

有些老板是管控型的，思维缜密，系统思维很强，做任何事情之前，都要从头到尾想明白，瞻前顾后。这样的老板，做事不容易出现什么太大的问题，这也是他的优势；劣势是企业做不大。

老板的类型可以不一样，但公司发展到一定规模，就必须建设管理体系，系统化地考虑问题，不能抱有"不管黑猫白猫，抓住老鼠就是好猫"的思维。不仅要考虑财务体系，还要充分考虑战略体系、激励体系等。所以，很多老板二次创业时，一开始都会系统化地考虑很多问题，甚至花几十万元作咨询，先把事情从头到尾想明白。

企业发展到一定阶段，就要完善管理体系，建立财务系统、组织系统和营销系统。企业度过了生存期，影响企业能否扩张的一个重要因素，就是管控系统，企业的成熟度。当然这只是一个重要因素，还有一些别的因素，比如，战略与方向、员工素质与结构、老板的分权能力等。

第六章
财务人员管控的关键：信赖

财务人员管控也是一个重要的课题，因为管理、做事没有人是不行的。

财务人员管控首先要解决一个问题，是关于信赖的问题。信赖是公司最大的隐形成本，公司如果建立起信赖的话，成本会降低，没有这个信赖的话，成本则会高。公司所做的事都是建立在信赖上面，先有本分才有情分，讲本分照样也得有信赖。

老板和财务总监之间必须建立完全的信赖。老板信赖财务总监，并不是说财务总监就能为所欲为，财务总监就能代表老板。从财务总监的角度怎么去理解信赖？财务总监不能把自己太当外人，但也不能把自己太不当外人。财务总监把自己当外人的比较多，就是明明这件事财务总监应该出手管一管，过问一下，但是他忍住了没有说，原因是什么？原因是老板并没有明确授权财务总监能做这件事，财务总监害怕别人说他狗拿耗子。记住，财务总监什么都可以管，只要跟公司的钱、公司的成本有关的，财务总监一切都可以过问。比如，财务总监可以随时去供应商那里询价，他有这个权力。

> 财务总监不能把自己太当外人，但也不能把自己太不当外人。

财务总监在做事时，不能总是以监督者的身份出现。别忘了，财务除了监督的职能，还有一个更重要的职能叫服务。不能总以监督者身份出现，更要以服务者的身份出现。

> 财务除了监督的职能，更重要的是服务！

财务总监要讲原则，这是一个需要原则的岗位，对财务人员和营销人员的性格要求是不一样的，公司在招人，作性格测评时，选择财务人员要选择逻辑性强、对钱的欲望不明显的那种人。对营销人员的要求不同，选营销人员，就得选爱享受、赶着赚赶着花的那种人。财务总监要讲原则，但也

> 财务总监讲原则的同时，玩转平衡！

要有一定的灵活性，否则就太不尽人情，有些事情就会弄僵了。

老板首先要有一个开诚布公的心态，如果总想着："他可信吗？我凭啥信他？他要信我，我就信他。"老板和财务总监之间就永远建立不起信赖。任何一个财务人员，跳槽进来的也好，公司内部升职的也好，他一定想过要好好干，但后面的结果却不一定是好好干。为什么？老板不信任他，他怎么干？

【老板与财务总监之间的信赖怎么去建立？】

【知识链接】财务总监错位

任何一个财务负责人、财务总监，无论他原来在哪里工作，即使他曾在同行的竞争对手那里工作，跳槽以后也都有一个适应的过程，这个过程一般需要三个月时间。也就是公司从外面招聘一个财务总监，即使他在别的地方做过财务总监，但是离开原有的土壤，他的身份已经变了，他由原来的产成品变成了半成品。只有通过三个月左右的时间在新公司适应，再从半成品转成产成品。所以，在招财务人员时，特别是高层财务人员，必须给他时间。别今天招来的，明天就说，你抓紧给我们建立财务系统。

老板和财务总监建立信赖特别容易，因为有上级和下级的关系，只要老板先选择信赖，伸出橄榄枝，信赖就会迅速建立起来。人都是好人，选择信赖他，再让他去发挥，给他时间。

空降财务总监需要至少三个月时间适应！

在民营企业中，还有一种常见的现象，就是财务总监错位。何谓错位？比如，老板娘当出纳，财务总监负责管出纳。如果老板娘是公司的财务人员，那就索性直接把老板娘提高级别，一定要提在财务总监之上，不要放在财务总

【民营企业中常见的财务高管错位和归位】

监下面。放在财务总监下面,财务总监这活儿没法做了,这是一种错位。

还有一种错位,明明不是财务总监,甚至财务经理都不够,就给会计印个名片叫财务总监。这样做会让这个人产生误判。老板的想法,钱不可以给,头衔还是可以给的,不花钱,但老板要知道,有一天,这个名头给错了,花的钱成本会更高。

【案例1】

曾经有这样的一家公司,两个办公室面对面,一间办公室挂"财务总监"牌子,另一间办公室挂"CFO"牌子。谁管谁?不知道,搞不清楚。原来,老板先招了一个人,直接给他"财务总监"头衔。但是,有些事他又干不了。后来又一个更合适的人来了,不能还叫"财务总监",没办法,只好给这个人"CFO"头衔。

如果是主管的岗位,就叫主管;如果是经理的岗位,就叫经理。公司财务部门的最高级别,不一定要顶格,可以空着位置,万一有一天需要更高级别的人时,可以招一个人放在这个位置上,大家都能够说得过去。

把一个主管叫财务总监,名片印上"某某财务总监"。时间长了之后,他自己就觉得"我就是财务总监",自信有必要,但他会开始与别人比收入,一看别的财务总监,一年50万元工资,再看自己,一年才6万元,心里就开始不平衡,开始有想法,一有想法,就辞职不干。

这就是由于公司给他的错位,导致他的误判,甚至可能会让公司承担很多的成本代价。"让我当总监,又不给我那么多钱",闹情绪、闹离职。公司还要重新招人,试错,成本会很高。所以,该是什么职位就是什么职位。

一、对财务人员的三点要求：忠诚、专业、职业

对财务人员的要求是什么？只有三个要求：第一，忠诚；第二，专业；第三，职业。

什么叫忠诚？忠诚不是拍马屁，忠诚是一种品格，而非一种态度，与对方无关。人和人是不一样的，有些人天生是比较忠诚的。公司要选择忠诚度高的人做财务，不是说"这家公司给的钱多，我干，我就永远不离职"叫忠诚，而是"你好也好，坏也好，都是我对你的一种选择，不合适我可以走人"，忠诚的人永远不会"坏"事。这是一个人的品格问题，"这个平台不适合我了，我可以走，但我绝不会走之前坏点什么事"。会"坏"事的人绝对不能用在财务岗位，否则损失无法预估。

什么叫专业？财务毕竟是一个专业度比较高的岗位，必须选择专业性高的人。不能说办公室主任或者司机对老板特别忠诚，就让办公室主任、司机转职做财务总监。

什么是职业？财务总监毕竟是一个职业经理人，不能把自己当外人，也不能太不把自己当外人，要有职业性。

【知识链接】财务总监的审批授权使用

公司往往会给财务总监一定额度的审批授权，比如，3000元以下的费用，不用老板签字就能报销了。这个授权是授给财务总监监控别人的，不

是监控财务总监自己的。有时，财务总监也花钱，请大家吃个饭，做个团队建设，结果花了两三千元钱。按道理讲，财务总监应该付钱，去找老板签字，自己不能签自己的报销单。但是，财务总监使个眼色，小会计去付钱，付完钱回来一看，4000元钱，开两张发票，回来之后，小会计拿着单子找财务总监签字，报销。

这就是职业性太差，本来财务总监监管别人干这件事，结果财务总监自己干，就是没有底线，不可原谅。

二、财务汇报线：财务总监对董事会及总经理负责

财务总监与总经理是合作关系，不是领导与被领导、评价与被评价、聘用与解聘的关系。简单点说，财务总监干得好与坏、去与留，总经理说了不算。财务总监向董事会汇报，也向总经理汇报；但是，财务总监报给董事会的材料数据，不需要经过总经理批准，也就是财务总监向董事会/董事长负责（如图6-1所示）。

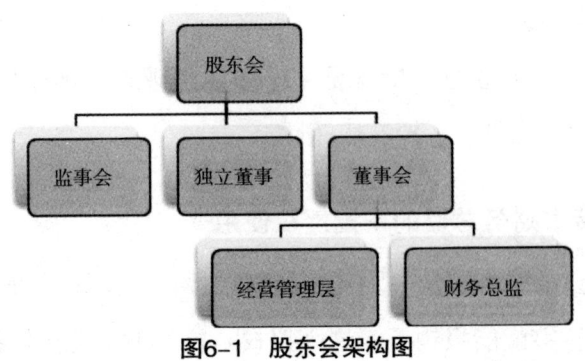

图6-1　股东会架构图

【案例2】

某公司老板休假，没在公司。财务总监和总经理两个人私自给公司贷款几千万元，最后因还不上，公司的账户被冻结了。总经理哪有贷款的权力？那是董事长的权力，财务总监为什么不向董事长汇报？因为他是总经理的人，他更信任总经理。所以汇报线错误，会导致很多问题。

三、财务负责人的定位：专家、合作伙伴、大管家、顾问、设计师

财务负责人是一个很高的级别。

1.财务负责人是战略管理专家。公司的财务水平，分为三个层次：（1）税务会计＋出纳；（2）财务会计＋资金管理；（3）管理会计＋资本运作。如果公司的财务水平达到第三个层次，财务总监就是一个战略管理专家。

2.财务总监是老板的合作伙伴。打工的最高境界是把自己变成股东，而不是来回瞎跳槽，所以财务人员最好选择绑定一个人，一直跟下去。一个老板能够找到一个和自己走得很远的财务总监是一件幸事，双方有信赖关系是一件幸事，这个人会发挥很大的作用。财务总监作为老板的合作伙伴，当然要有一个目光和方向高度，不能天天小肚鸡肠。

3.财务总监是董事会的大管家。

4.财务总监是高管的贴身顾问。

5.财务总监是公司管理变革的设计师。一家公司管理的变革，财务

总监要起到重要的领导作用。公司整个组织架构的调整、管理的变革、系统化、绩效考核等，都离不开财务总监。很多公司做绩效考核，人力资源部门和咨询公司一下就做出来几个指标，就开始考核，简直就是在胡搞。财务总监应该是公司绩效考核领导小组的重要成员，有很多指标的数据，是需要财务总监出的，指标都出不来怎么考核？所以，管理变革的设计师，这也是财务负责人的定位，达到这个高度，那才是真正的财务总监。财务总监要替公司、替老板管理公司战略，完成战略实现的路径和目标分解；财务总监要能够为公司的高管提供顾问式的服务。很多的企业，都是财务总监成为CEO的接班人，比如，万科的郁亮、阿里巴巴的蔡崇信等。

　　财务总监要有一定的高度，高度有时候比能力更重要。有些特别优秀的财务总监，都不是学财务出身的，不会做账。只要公司规模够大，不会做账不等于不是好的财务总监。如果公司只有两个会计，不会做账就麻烦了。但是如果公司规模很大，有很多会计人员，这个时候财务总监就不需要会做账。其实，财务总监是一个外延性比较强的岗位，销售要懂、采购要懂，方方面面都要懂。财务总监还可以转岗，做营销总监、运营总监、总经理。在世界五百强的外企里，有一半的CEO都是财务总监出身。

四、财务人员招聘的基本程序：面试、笔试、背景调查、入职

招聘属于人力资源的工作范畴，但是，一个财务人员是否适合，是财务总监说了算。人力资源部门找来候选者，第一轮面试是人力资源部门进行的，第二轮面试是财务总监来进行的，是否入职，入职之后的考核，都是财务总监说了算。招聘工作要按照固定的程序执行，遵循招聘工作任务清单逐项进行（如图6-2所示）。

图6-2　财务人员招聘的基本流程

【管理工具1】财务部招聘工作任务清单

好的招聘任务清单能够帮助业务经理和人事经理有计划、按步骤地完成招聘任务，从而尽量避免由遗漏导致招聘失败。

◆仔细研究论证招聘需求，考虑能否通过改进流程，减少不必要的工作或工作拆分的方式达到不招人而改进效率的目的。

◆召集招聘需求讨论会，邀请业务经理、人事经理或招聘专员及业务部门相关人员参加，共同讨论和决定职位工作内容以及拟招聘职位对人的要求（包括学历、经验、资格、性格等），并将这些要求按重要性进行排

序，并形成职位说明书。

◆由人事部门根据职位说明书，草拟招聘广告（一般包括公司介绍，职位名称，职责描述，人员要求，联系方式等）。

◆讨论决定该职位的薪酬范围。

◆在公司内部告示栏公布职位信息以吸引内部人才或内部推荐。

◆将招聘职位发布到合适的外部广告媒体，也可以告知中介机构或猎头公司。

◆收集整理收到的简历。

◆评估每份简历与招聘要求的匹配度（包括经验、技能及薪酬期望等），进而筛选一定数量的合格简历。

◆通知候选人第一轮面试，可以面对面，也可以通过电话，清楚地告诉候选人时间、地点以及面试可能持续的时间。

◆候选人到达公司后，准备公司统一的申请表请候选人填写。

◆提供给候选人一份招聘职位描述供参考。

◆在面试过程中，注意观察候选人在关于该职位的关键评估点上的表现。

◆在面试中，向候选人介绍公司的基本情况，职位的要求及你的期望。

◆面试后，与人事部门一起对每一位参加面试的人员填写候选人面试评估表。

◆第一轮面试结束后与人事部门讨论决定哪个（些）候选人进入第二轮面试。

◆与人事部门讨论或根据公司招聘规则决定第二轮面试的参加人（可能是人事经理，直线经理的上级或其他可以直接影响用人决定的人）。

◆组织第二轮面试。

◆在第二轮面试中重点考察候选人的文化与团队适应性、技术资格、客户导向性、责任心等公司希望该职位人员必备的关键素质。

◆如果有笔试，请候选人参与并评估。

◆面试主持人填写候选人面试评分表。

◆根据以上结果，与人事部门共同确定符合条件的最终人选。

◆人事部门做资格调查（比如，向其推荐人打电话核实，或查看其资格证书）。

◆未能通过资格调查的人选将被考虑剔除。

◆如果通过以上过程没有合适人选，则需要重新搜集简历及候选人名单。

◆人事部门与相关部门经理讨论决定提供给合适人选的薪酬计划。

◆打电话给候选人告知其公司为此职位提供的薪酬，了解候选人是否同意，如同意，向其签发正式的录用通知书。

◆将正式录用通知书连同竞业禁止及保密协议一同请候选人签字。

◆确定入职时间。

面试的细节：尽管有简历，面试之前也得填写面试登记表（如表6-1所示）。因为简历有可能被修饰过，现场填写的更加真实；面试时，可以先按照结构化题库进行面试，再进入任意提问面试，记住预留时间给应聘者提问。面试结束要填写面试评价表，把面试过程中的一些事项作一些记录，作为选择应聘者的依据。

【管理工具2】面试登记表

表6-1 招聘面试登记表

应聘岗位				面试日期		年 月 日	
姓名		性别		出生年月		政治面貌	
民族		婚否		健康状况		外语水平	
身份证号码			户籍		籍贯		（贴照片处）
现在住址							
联系电话				邮政编码			
毕业院校				毕业时间			
所学专业				学历		学位	
工作经历							
起止时间	单位名称			职务			
教育经历							
入学时间	毕业时间			学校名称		所学专业	
推荐或证明人							
姓名	职务			工作单位		联系电话	

续表

应聘岗位			面试日期	年 月 日
离开原单位原因			原单位收入	
加入本单位原因			期望收入	元/月
最快入职时间		其他问题		

【管理工具3】结构化面试题库

一、简单寒暄

1. 您怎么过来的？交通还方便吧？

2. 您来自哪里？（简单与面试者聊聊他家乡的特点）

二、观或听

1. 衣着整齐度

2. 精神面貌

3. 行、坐、立动作

4. 口头禅、礼貌用语等

三、口头表达能力（注意语言逻辑性、用语修辞度、口头禅、语言波幅等）

1. 请您先用3~5分钟的时间介绍一下自己吧！

2. 先说说您最近服务的这家公司（由简历而定）的基本情况吧（规模、产品、市场）！

3. 您在目前工作岗位中主要有哪些工作内容？主要的顾客有哪些？

4. 请您简要介绍一下自己的求学经历。

5. 请您简要介绍一下自己的成长历程。

四、灵活应变能力（也涉及工作态度）

1. 您为何要离开目前服务的这家公司？（答案可能是待遇或成长空间或人际氛围或其他，待回答完毕后继续发问）；您跟您的主管或直接上司有没有针对以上问题沟通过？（如果没有，问其原因；如果有，问其过程和结果）

2. 除了简历上的工作经历，您还会去关注哪些领域（或有没有其他潜在的兴趣或是否想过去尝试、从事的其他职业）？（若有，继续发问）您觉得这跟您目前要从事的职业有哪些利弊关系？（若无，继续发问）您不觉得您的知识结构有些狭窄或兴趣较贫乏，说说未来的改善计划？

3. 您在选择工作中更看重的是什么？（可能是成长空间、培训机会、发挥平台、薪酬等答案）；（若薪酬不排在第一，问）您可不可以说说你在薪酬方面的心理预期？（待回答完毕后）那您刚才的意思也可以这样理解：薪酬方面可以适当低于您的心理预期，对吗？（若薪酬显得不太让步，可问）有人说挣未来比挣钱更为重要，您怎样理解？（若薪酬排在第一，问）有人说挣未来比挣钱更为重要，您怎样理解？

4. 您在以前的岗位上有哪些方面做得不足？（若答有，问）您打算在以后的工作中采取哪些改善措施？（待回答完毕后，继续发问）您再想想如果到我们公司来任职还有没有补充改善措施？（若答无，问）您好像不太去追求卓越，您认为自己能胜任我们提供的这份工作吗？

五、兴趣爱好（知识广博度）

1. 您工作之余有哪些兴趣爱好？兴趣中有没有比较拿手的？

2. 您在大学所设的专业课中最感兴趣的是哪一门？（待回答完毕，问）谈谈您对所在兴趣的相关看法。

3. 您是怎样理解自然科学（比如，数学）与社会科学（比如，政治经济学）之间关系的或者说两者有何异同？

4. 就您个人的理解说说您对我们公司所处行业(电子产品制造业)的前景和生存途径。

6. 谈谈您目前想去学习或弥补的知识。

7. 如果让您重新选择一次,您对自己的专业领域会有所改变吗?

六、情绪控制力(压力承受力)

1. 我们的工作与生活历程并不是一帆风顺的,谈谈您的工作或生活或求学经历中出现的挫折或低潮期,您是如何克服的?(如果回答无此经历,问)您的生活是不是太过于顺畅,成长中往往伴随着失败,您觉得自己的成长来自哪些方面?

2. 请您举一个亲身经历的事例来说明自己对困难或挫折有一定的承受力?

3. 假如您的上司是一个非常严厉、领导手腕强硬的人,时常给您带来巨大的压力,您觉得这种领导方式对您有何利弊?

4. 领导布置了一项您以前从未触及过的任务,您打算如何去完成它?(如果有类似的经历说说完成的经历)

5. 您有没有过失业或暂时待业经历,谈谈那时的生活态度和心情状态。

6. 您有没有过在感情上的失败或不顺利经历,它对您那时和现在的生活有什么样的影响?

7. 假如您喜欢上了一个人,但您对他(她)表白后受到拒绝并说你们是不可能的,拒绝的原因是他(她)已有男(女)朋友,但他(她)也并不讨厌你,接着您将采取什么行动?

8. 假如在公众场合中,有一个人有意当众揭您的短处或您的隐私,您怎样去处理?

9. 谈谈您以往职业生涯中最有压力的一两件事,并说说是如何克服的。

10. 谈谈您以往职业生涯中令您有成就感的一两件事,并说说它给您的

启示。

七、上进心与自信心

1. 谈谈您求学经历中令您感到成功的事例及成功的因素。

2. 说说您对成功的看法。

3. 您认为自己有什么资格来胜任这份工作？

4. 说说您未来 3~5 年的职业计划。

5. 您如何看待学校的学习与工作中的学习。

6. 谈谈您最近的充电经历，并说说它对您的益处。

7. 您怎样看待游戏中的输赢。

8. 谈谈您认真追求过的一件事或一个人，并说说过程和结果。

八、责任感与归属意识

1. 请描述一下以往就职公司中最适合自己企业文化的特点。

2. 下属未按期完成您所布置的任务，如果您的上司责怪下来，您认为这是谁的责任，为什么？

3. 描述一下您对上司所布置任务的完成思想与过程。

4. 当您所在的集体处于竞争劣势时，您有什么想法和行动？

5. 往往跨组织的任务中，由于涉及过多成员，最后易形成"责任者缺位"现象，您如果身处其境，会是什么心态？

6. 您每一次离职时有没有过失落感？您跟过去就职过的公司的一两个上司或同事还有联系吗？并说说他们目前的处境。

九、管理能力

(一) 领导与指挥

1. 请问您在求学经历中参加过哪些社团组织或参加过哪些公益活动，您在其中扮演什么角色？

2. 课堂上您对老师的讲解有所疑惑，您是采取何种方式去消除这种疑惑的？

　　3.在长途旅行的火车或飞机上，您不认识周围的人，您是如何去适应这种陌生环境的？

　　4.工作中您发现上司的管理方式有些不妥，并有了自己的想法，您此时如何去做？

　　5.在您以往的工作中是如何去约束下属的，是如何去调动他们积极性的？

　　6.假如您是足球队队长，而队中有两名队员有些不和，他们都是主力队员，而此时有一场重要比赛，您如何去协调和处理？

　　7.您认为上司对下属做些什么更利于他们的成长？

　　（二）计划与控制

　　1.您来面试的过程中有没有想过整个过程？说说您先前是如何打算应对这场面试的，包括各个阶段。

　　2.举个例子来说明一下您曾经做过的一个成功计划及实施过程。

　　3.假如您今晚会有一场重要的约会，说说您打算怎么去应对？（可提示答案方向：是倾向于去了再随机应变，还是事先做好策划？）

　　4.工作中您发现自己的实施结果与事先计划出现较大的偏差，您将如何去行动？

　　5.您觉得自己的个性适合井然有序的工作环境还是灵活自如的工作环境？或者是其他任何形式的。

　　6.说说您对下属布置的任务在时间方面是如何要求的？

　　7.说说您在完成上司布置的任务时，在时间方面是如何要求自己的？

　　（三）决策

　　1.您在逛超市时，碰到了一件十分符合您审美意识的物品，尽管这件物品目前对您来说没有多大的实用价值，您此时会有什么行动？

2. 假如您现在的月收入是 3000 元，您在商场看上了一件非常符合您审美意识的西装，价格是 2800 元，您倾向于怎么做？

3. 假如您目前的处境不算太好，而此时您一位十分要好的朋友跟您借相当于您 10% 的财产且归还期较长，您会如何去做？

4. 您在购买您所需要的一件重要物品时，是如何去实施的？

5. 您对一个紧急决策项目收集了八成信息，您下一步倾向于如何去做？

6. 说说您是怎样理解决策方案中的"最优"与"更优"的关系，它们对您的决策思想有怎样的影响？

(四) 授权与激励

1. 假如您是部门领导，您在每半个月一次的会议议程中如何去部署会更好？（可提示回答方向：直奔主题，还是先给部属打气）

2. 您跟部属在一个月里的业余沟通的频率是多少？您目前有几个部属？（待回答完后，问），简单说说他们各自的优缺点。

3. 您以往在领导岗位中，一个月内分别有哪些主要的工作任务？（可提示回答方向：开会、跨组织协调、日常事务管理、审核资料、策划方案、实施方案等），它们占用您的时间比例是怎样的，或者说说各自的频率是怎样的？

4. 当您发现部属目前士气较低沉，您一般从哪些方面去调动？

5. 说说您在以往领导岗位中出现管理失控的事例及事后的原因分析。

6. 描述一个您在以往工作经历出现的士气较低沉的团队氛围的情景，那时您的角色是怎样的，现在回想起来有何感触？

7. 下属在一个专业的问题上跟您发生了争议，您是如何面对和处理的？

注：

1. 本题库前八个提问项适合所有应聘者，第九项适合中层以上管理人员。

2.本题库所涉及的每个提问项中至少要提一个问题，并对已提的问题做勾选。

3.结构化面试时间控制在30~45分钟。

4.结构化面试完毕后，若时间充足可进行非结构化面试（灵活提问）。

5.面试完毕后，一定要留出5~15分钟时间给面试者提问。

6.以上问题仅限于测试个性倾向和一般通用能力，专业能力测试可自行添加。

【管理工具4】面试评价表

表6-2 面试评价表

评价人姓名： 职务： 面试时间：

应聘人姓名：		性别：		年龄：		编号：	
应聘职位：		原单位：					
评价方向	评价要素	评价等级					
		1（差）	2（较差）	3（一般）	4（较好）	5（好）	
个人基本素质评价	1.仪容						
	2.语言表达能力						
	3.亲和力和感染力						
	4.诚实度						
	5.时间观念与纪律观念						
	6.人格成熟程度（情绪稳定性、心理健康等）						
	7.思维逻辑性，条理性						
	8.应变能力						
	9.判断分析能力						
	10.自我认识能力						

续表

相关的工作经验及专业知识	11.工作经验				
	12.掌握的专业知识				
	13.学习能力				
	14.工作创造能力				
	15.所具备的专业知识、工作技能与招聘职位要求的吻合性				
录用适合性评价	16.个人工作观念				
	17.对企业的忠诚度				
	18.个性特征与企业文化的相融性				
	19.稳定性、发展潜力				
	20.职位胜任能力				
总得分					
人才优势评估			人才劣势评估		
评价结果					
建议录用	安排再次面试		储备		不予录用
时间:					

面试结束后,进入笔试。下面是财务人员招聘的笔试题,全是问答题,只有问答题才能考出面试者的水平。专业能力部分考几个问题,综合能力部分考几个问题,职业素养方面考几个问题,没有标准答案。那怎么评判好和坏?比较应聘人的回答,就能比较出好坏。

【管理工具5】财务招聘常用笔试题目

专业能力部分

○设置好的会计核算系统的关键有哪些?

○月末结账有哪些关键步骤?你认为有什么好的方法可以保证结账的

顺利进行？

○固定资产管理和核算工作的核心是什么？

○财务管理报告系统应包括哪些方面，为什么？

○如何做好应收账款的分析和管理工作？

○对于一个中小型制造企业，如何保证存货和成本的正确性？

○如何进行产品盈利能力分析？

综合能力部分

○三个月内成功地将公司的会计核算从手工账实现软件化需要做哪些关键工作？

○如何做好公司的税务工作？

○如何做出让老板满意的财务分析报告？

○你在上一个工作开始时是如何适应新工作的？

职业素养和价值观部分

○假设你所在的公司老板不重视财务工作，你会怎么办？

○假设其他业务部门不配合财务部工作，你会怎么办？

○假设你手下的员工工作总是不能按时完成，还经常出错，你该如何做？

○你是如何利用上班时的闲暇时间的？

○你用什么办法保证财务报告数字不出错？

背景调查。什么叫背景调查？背景调查就是要查应聘者的过去经历，在面试之前，要先把应聘人员上一任的工作岗位、老板的姓名、电话，人力资源总监姓名、电话都留下。如果在上一任的工作单位工作时间低于一年的话，要求提供上上任的公司的名字，老板的姓名、电话，人力资源总监的姓名、电话。填完这个

资源受限时的取舍

单子，留下这个信息之后，才能进入面试。如果有人不写这个东西，就走了，那就对了，这个程序已经起到了筛选的作用。

那么，要求应聘人员提供这些信息，是真的要调查吗，还是仅仅对应聘人员增加压力？就是要真的调查，要打电话去询问对方，甚至实地去那家公司调查这个人怎么样。那么，打电话过去做调查，接电话的人会说实话吗？放心，他会说实话。因为这边打电话过去，是先选择相信他说的话，中国最值钱的就是让别人信任。应聘人员以前的老板会说实话，如果这个人不能用，他比调查人员还着急。

入职并确定紧急联系人。入职之后，财务岗位也好、出纳岗位也好，都必须留下来入职人员的紧急联系人，包括家庭地址，配偶的姓名、电话。这也不是针对某个人、某个岗位，对所有的人、所有岗位，都这么操作。如果一个人连自己的老公是谁都不愿意说，家庭地址都不愿意告诉在哪儿的话，这样的人保留的东西太多，很难说没有问题。曾经有这样的事，一个财务拿假身份证去面试，做了两年，弄了一堆钱之后走了。老板报案之后，才知道身份证是假的。

资源受限时怎么办？所谓资源受限，就这么点钱，是人合适钱不合适，钱合适公司不合适，反正都不合适。这个时候要考虑怎么招，比如，招聘一个出纳，是要有经验的还是刚毕业的？这时候要调整一下，在资源受限时，可能会舍弃一些东西。

出纳的专业性是不太重要的，学几天就会了。首先出纳要是一个特别有安全保证的人，是管钱的。如果有两个选择，一个背有巨额债务，一个是家庭条件特别好的人，如何选择？肯定选专业性差一些，但是家庭条件还比较好的人，这不是歧视的问题。如果要考虑更细的话，出纳和会计的性格都要考虑，会计和出纳最好是永远成不了朋友。虽然有内控流程的要求，但流程也禁不住串通，只要这一窝的人都一块作案，内控就失效了。

【案例】

一家公司的出纳和销售员谈恋爱，销售员对出纳说："以后我们要结婚，要成家，我们的钱还不够。我现在想自己出去做生意，什么都有了，就是差点钱。"出纳说："好办。"出纳就把公司的钱挪用给销售员。资金挪走做生意亏了，平不了账，最后被会计查出来了。这个出纳是老板的表妹，出纳对会计说："钱是我拿了，你有两个选择，一个是你去报告老板，我是老板的表妹；第二个选择你也拿走六十万。"

这是真实的案例。但也不用过度地担心，毕竟这种窝案的概率是非常低的。

【管理工具6】资源受限情况下的招聘决策与取舍问题

1.时间紧急怎么办？应该怎么掌握招聘火候？时间紧可以降低要求吗？

对于初级和事务性的工作，为避免压力过大，可考虑先招临时工或实习生的方式。对于重要的岗位，如财务分析、资金主管、财务主管等宁可暂时将工作分担一下，或者工作时效和质量下降，也要坚持找到合适的人，否则会造成恶性循环。

2.候选人很合适，但是要的条件高怎么办？（职位、薪酬待遇、职业发展、岗位职责等）

坦诚，对职位、待遇及发展等方面如实相告，并告知这些以外的公司发展前景、团队工作氛围、培训与学习、工作本身的挑战，公司对优秀员工的保留与激励政策等。

3.应聘的人与待招聘的岗位技能匹配度不够，但是这个人很有潜质，怎么取舍？

对于初级和容易掌握技能的岗位，可允许在技能上有较低的匹配；对于中高级相对需要较强技能行业经验的岗位，需要有一定程度的匹配度，如果匹配度较低，但如果此人能较快速地学习掌握，也可考虑。

4. 如果候选人其他条件都一样，只是一个表达能力不行，一个逻辑能力不行，要哪个？

依所招聘的岗位及此岗位所要求的核心能力而定。如果是跟客户及其他部门打交道多的职位，比如，信用控制、员工报销、资金管理，需要沟通表达能力较好的；如果招的是成本会计、财务报告、会计主管等需要良好的系统和逻辑思维能力的岗位，逻辑能力要重于表达能力。

5. 候选人学识、经验、专业技能都不错，但非常个性化怎么办？（性格、脾气、与人打交道的方式）

要判断所招的岗位是否需要大量与团队同事或其他部门打交道，如果有大量打交道的情况而团队又比较重视和谐，最好忍痛不招。

6. 两个候选人都一般，一个经验多的，岁数大，一个经验少的，年轻，你更倾向于要哪个？

不成熟不规范的企业一般选经验多的，成熟规范的企业可选经验少但年轻有潜力的。

7. 一个听话的，但是能力弱，一个水平不错，但是比较张扬，有点儿好高骛远，要哪个？

依所招岗位以及你本身的能力和威信而定。

8. 如果一个人很机灵，潜质也觉得不错，就是没做过会计，怎么办，你会考虑用吗？

如果我有时间教他（她）且职位不要求高深的专业背景，比如，费用会计、固定资产管理等可以考虑。

9. 智商、逻辑、态度、性格、外貌、知识背景、人品、专业文凭、经验、过去工作背景，在任何一个有缺陷的情况下，你如何排序？

依其对所做工作的核心程度、重要程度和不易获得程度排序。一般我个人的排序为态度、人品、经验、性格、逻辑、智商、知识背景、过去工作背景、专业文凭。

10. 如果各方面都好，只是很计较待遇，你怎么考虑？（要求高一点儿，或者对细节要求比较多）

如果职位需求不是十分紧急，对于"计较"的人要非常慎重地考虑，因为他们把心思花在个人利益的细节上，可能因心理不平衡严重影响工作绩效。

11. 我们没有那么多的渠道，到哪里去招人？打广告没钱，资源受限怎么办？

通过内部推荐，熟人朋友介绍，也可以花相对少的预算购买简历搜索服务。

12. 可以按照财务领导的个性喜好招人吗？

如果财务领导的个性喜好与所招岗位核心能力需求不矛盾，也不会影响团队士气，可以考虑领导的喜好。

13. 如果候选人长得不漂亮怎么办？能以貌取人吗？

除非长相影响到团队气氛和客户满意度，否则漂不漂亮与录用决定无关。

14. 在招人的过程中，人事部与财务部的意见不一致怎么办？

人事部根据经验往往对人的性格、态度、价值观、团队合作方面把握较好，财务部在这方面还是要虚心听取。财务部对专业能力和职业素质最有发言权，二者意见不一致时，可坦诚地讨论和一致同意影响未来业绩的最重要素质和能力。最终，因财务部是用人部门，用人的决定权和责任都在财务部。

15. 你看中了对方，但对方没看中你，你要游说他过来吗？

我要尽力坦诚地给对方介绍公司的情况，团队的情况，工作的挑战，可以在这里得到的学习和发展机会，也可以邀请对方参观公司，但不以未来的职位待遇许诺来游说。

16. 如果两个人的气场对不上怎么办，还考虑吗？

一般不考虑，气场对不上会造成心理紧张、猜测、沟通效率低下。

17. 下属或者团队成员对新招的人有要求，你会考虑增加权重因素吗？（比如，要男性）

应该考虑，毕竟新招的人要在团队中工作，只有团队形成合力，才能最大发挥出员工的才能。

18. 条件合适的应聘人在企业内部有关联关系，如何处理，要还是不要？

如果是非关键利益冲突型的关联关系可以考虑，但也要征得主管人事和业务的领导同意。

19. 你在招聘时会考虑男女比例和年龄大小吗？

一般不考虑，因为财务工作性质本身决定了女生更多地适合财务工作，但是会考虑年龄结构。

20. 如果是公司其他部门的人应聘，怎么办？你会怎么考虑？

考虑两个方面，一是所招职位工作性质，是否要求很强的专业背景，二是这个人是否在其他部门做得很好，或者有所成就。

五、财务人员的考核：行为指标权重大

首先，财务人员不好考核，常见的考核方法用于财务人员都不是太合适。因为财务是一个职能部门，职能部门的考核指标，行为指标占的权重比较大。考核员工有两类指标：一类指标叫行为指标，一类指标叫业绩指标。考核业务部门，业绩指标占的权重大，业绩指标要占到不低于70%的比例；考核职能部门，行为指标占的权重大，业绩指标一般不超过30%。

业绩指标一般是财务数据，如销售额、费用率、坏账等，比较好考核。但是，行为指标就不太容易考核，尤其是专业性比较强的岗位。谁来考核会计的工作干得好还是不好？只有财务总监能考核。如果财务总监护短，那就麻烦了。

这个岗位不好考核，就不用考核？不是！能够考核的，还要考核，但是不要考得太勤。对于刚起步的公司，或特别成熟的公司，只做年度考核，一年考核一次。其他类型的公司，一个季度考核一次，一年综合评价一次即可。至于考核指标，就是把对财务人员的考核纳入公司的绩效考核体系，指标有工作岗位职责、及时性、准确性等。